JN238811

Hey, take a chill pill!

Come on, guys—we need to work as a team here.

I'd be glad to help.

Why should I?

The Leader Phrase Book
3000+Powerful Phrases That Put You in Command

増補改訂版 リーダーとして話すための英語パワーフレーズ3000

MP3・CD付き

Let's keep this professional.

Knock it off!

I am so glad we talked!

This conversation is over.

I must decline with humility.

No can do.

I'm not asking you to do this, I'm telling you.

Would you like to step in, here?

Let me think on that and get back to you.

You'll need to ask someone else.

Just who do you think you are?

I wonder if I'm misunderstanding what I'm hearing.

パトリック・アレイン 著
Patrick Alain

阿部川久広 訳
Hisahiro Go Abekawa

すばる舎

THE LEADER PHRASE BOOK
by Patrick Alain
Copyright © 2012 Patrick Alain
Original English language edition published by The Career Press, Inc.,
220 West Parkway, Unit 12, Pompton Plains, NJ 07444 USA.
All rights reserved

Japanese tanslation published by arrangement with The Career Press, Inc.
through The English Agency (Japan) Ltd.

世界中のすべてのリーダーへ

はじめに

　予想外の状況に置かれるのは、いつもとても困難なことで、ましてやリーダーであればなおさらです。

　会社役員であれ、マネージャーであれ、コーチであれ、弁護士であれ、医者であれ、政治家であれ、セールスマンであれ、外交官であれ、カブスカウトの女性リーダーであれ、一国の首長であれ、リーダーには責任を持ち、状況に影響を与え、現状を打開し、物事を良い方向に進めることが求められます。

　これはそう簡単に、いつでもできることではなく、特に的確なコミュニケーションのための言葉を選ぶのに手間取ったり、細かい表現のニュアンスが伝わらなかったりしたときは、あっという間にストレスが溜まるものです。

　あなたが、この本を手に取ったということは、このような現状に満足できていないからでしょう。もちろん、それは必ず改善できますが、そのためにはあなたをサポートしてくれる強力なツール、つまり魔法のフレーズが必要です。毎日は忙しいのが常ですから、素早く、簡単に、オフィスでもプライベートでも、あなたの輝きを増してくれるような、ガイドが必要になるのです。

　この本は、あなたのようなリーダーや意思決定者を、生き生きとさせてくれるコミュニケーションの対応例を、具体的に一つ一つ列挙しています。このような本は未だかつてなかったと思います。

　私がこの本で目指したのは、多くの具体的文例を読者の皆さんに示して、皆さん自身が、周囲からより強い信頼を得ることができ、また日々直面するどんな状況においても、リーダーとしての存在感をアピールできるようにすることです。

　過去においては、向上心を持った企業幹部は、各種のセミナーやカンファレンスに通い、自身のフィールドで秀でるための知識を得たものです。しかし激変著しい現在のビジネス環境では、この方法は時代遅れになりつつあります。

　組織の上層部に昇れば昇るほど、リーダーには、人々をやる気にさせ、勇気づけ、行動に移せるための、強くて効果的な言葉やフレーズを語ることが求められています。これには日々の学習を習慣化して、リーダーがそれらのフレーズを後天的に、継続して得ていくことが理想的です。この本はその手助けになるよう、8つの状況による章立てと、1つのボーナス章から成っています。

さらに、このたび日本の皆さまには、増補改訂に伴いコーチングについて1章分を新たに書き下ろしました。あわせて訳の見直しも行い、より多くの方々のお役に立つことを願っています。

　どんな成功を成し遂げたとしても、人前で話す（あるいは人の話を聞く）能力を、常に磨き上げ、精度を上げ続けていく必要があります。
　この本は、コミュニケーションのツールとして英語を駆使することを助け、自信とリーダーシップスキルを向上させるための強力な武器になるはずです。
　個人の領域であれ、仕事の領域であれ、あるときは力強く、またあるときは説得力に溢れ、そしてどんな場面に遭遇しても、最も適切なコミュニケーションができるようになる、そんな素晴らしい経験が、この本で必ずやあなたに訪れることをお約束します。

　それでは、一緒にパワー溢れるコミュニケーションの旅に出かけましょう！

パトリック・アレイン

優れたリーダーになるための5つのポイント

一つの分野で成功した人から学ぼうと考えるとき、私たちは常に、影響力と印象、どちらも強い人を尊敬します。リーダーシップについても同様であり、それについて語ろうとすれば、例えばガンジー、ネルソン・マンデラ、マーティン・ルーサー・キング、リンカーンといった名前が即座に思い浮かびます。彼らは印象深い優れたリーダーであり、言葉の力によって人々を率いました。

人々に影響を与えることができる力とコミュニケーションの能力。これらの差が、著名なリーダーと、我々一般とを分け隔てています。大戦中は、あの悪名高いヒットラーもまた、世界で最も影響力を持っていたうちの一人であり、言葉だけのコミュニケーションで何百万人という人々に影響を与えていました。これはただ単に、たくさんのスピーチをしたとか、多くの意見を表明したということを超えて、毎日の彼の言葉が、彼自身のリーダーとしてのイメージをいかに形作っていったかを物語っているでしょう。

そして今では、ビル・ゲイツや、スティーブ・ジョブズ、ドナルド・トランプやインドラ・ノーイ、そしてリチャード・ブランソン。多くの人々にアイデアをコミュニケートし、チームのやる気を引き出すことができる彼らの力が、現在の彼らを成功したリーダーの地位に押し上げました。リーダーによって、その語り口や語る内容はそれぞれ違いますが、リーダーと他の人々とを分け隔てる、いくつかの共通点について、ここで紹介しておきます。

1 効果的なコミュニケーション

リーダーが話すときは、誰もが聞き耳を立てます。組織であれ、グループであれ、効果的なコミュニケーションが成功のカギです。リーダーが彼のアイデアやビジョン、そして戦略を、分かりやすく簡潔な言葉で表現したとき、それを聞いた人々の仕事には最高の結果がもたらされます。しかしメッセージが分かりにくいと人々は効果的な対応ができません。すなわち、効果的な行動のためには、効果的なコミュニケーションが不可欠なのです。

2 自信と信頼

よいリーダーは人々を鼓舞し、大きな自信をみなぎらせているものです。リーダーは力強く自信に満ち溢れた話し方をします。リーダーは自分自身の発言に責任を持ち

ますが、それはリーダーの持つ情報が、高い信頼度に支えられているからです。リーダーは自信と同時に信頼がなければ、いたずらに人前で話したり、余計な肩入れをしたりはしません。自信と信頼は、リーダーが行うスピーチの二つの支柱であり、優秀なリーダーは人々に印象深く情報を伝えるために、この二つを効果的に駆使します。

3　論理的な議論と明確な結論

　リーダーは常に、その話す内容で評価されます。すなわち、リーダーは論理的に議論し、その議論を結論に向けて導かなければなりません。リーダーは、無駄口は叩かず、理屈の通らない議論もしません。よく練られた論理的な話し方によって、リーダーは聞く人のやる気を損なうことなく、同時に自分の考えを明確に伝えることができます。対話を一つの結論にしっかり導くことができる能力があるからこそ、どのような議論にあってもリーダーは最後のまとめ役になれるのであり、それゆえに、リーダーはリーダーとしての威厳と地位を確立できるのです。

4　言葉の響き

　よいリーダーは言葉の使い方に精通しています。卓越した講演者として、リーダーは豊かな内容を表現でき、そして人々の感情に訴えるような言葉を選んで用います。言葉の響きのお陰で、リーダーのスピーチは事の重要性を説くことができ、またそれを覚えやすく人々に伝えることもできるのです。「人生」や「愛」、「名誉」などが良い響きを持つ言葉の代表例で、それらは豊富な意味を持ち、聞く人の心に強い印象を与えます。ジャック・ウェルチはこれを、「リーダーの仕事は、人々の魂の中に入っていくことだ」と表現しています。

5　やる気と楽観主義

　リーダーの主な仕事の一つは、今よりもより明るく素晴らしい未来へのビジョンを描き、その未来を創り上げることができるよう、皆の中にやる気を生み出してあげることです。やる気の醸成と楽観主義はリーダーシップにとって、とても大切な二つの側面です。やる気を醸成することで、私たちは勇気づけられたり鼓舞されたりしますし、併せてリーダーは、自分が楽観主義者であることを皆に示すこともできるのです。やる気を与えてくれる楽観的なリーダーは、力強く、そしてすべてにおいて説得力があるリーダーであり、私たちの心の中にある、やる気の存在を気づかせ、そして、私たちを行動に駆り立てることができるリーダーでもあります。

この本の使い方

　本書は、読者が便利に使えることを一番に考えて作りました。まずはすべての章に目を通し、全体としてどのようなトピックが展開されているかを見るもよし、または、対応が難しそうな場面はどう切り抜けるか、あるいはそんなときの一番適切な対応例は何かを調べるなど、具体的な状況やコミュニケーションの例を見てみるのもいいでしょう。

　例えば、公開討論などでの質疑応答は得意だけれど、他の人との意見の衝突は気が進まない、という人もいるでしょう。この後にある目次を活用して、自分に最も適した状況を見つけてください。

　本書の一番の特徴として、グラデーションを施したカラーバーがあります。カラーバーは、それぞれのフレーズの「重要度合い」をイメージする手助けになると同時に、各フレーズをうまく記憶するための手掛かりにもなります。

　例えば、次のページをご覧いただければ、カラーバーが、「なだめるように」から「議論をふっかける」までを表しています。各フレーズは、この色の程度を指標として、なだらかに位置づけられています。

　物事をうまく調整したり、円滑に進めたりしたいときは、上方向にある表現を学び、実際に用いてください。反対に、例えば常識を破ったり無視したりするときや、ずばり要点に斬り込む場合は、下方向にある表現を用いるようにしてください。

　こうして、徐々に本書にあるフレーズすべてにひと通り目を通し、自分にぴったりの言いやすい表現をいくつか決めます。そしてそれらのフレーズが自然に口をついて出るまで、反復練習します。そのうちに、フレーズを難なく思い出せるようになり、自信を持って、落ち着いて使えるようになります。

　加えて、欄外に自分独自のフレーズを書き足してもいいと思います。つまるところ表現方法は、個人個人によって多様ですから。その際、センテンスの意味というものは、それが表現されるときの声のトーン、身振り手振り、話されるタイミング（前後の文脈）などによって左右される、ということをお忘れなく。

　ある状況のもとでは効果的で適切なユーモラスなフレーズも、それがどう表現され、誰に対して話されたかなどの状況によって、敵意に溢れた不適切な表現に聞こえることもあります。ですから本書で紹介しているフレーズが「いつでも使える」からといって、「どんな状況でも必ず使うことができる」というわけではありません。どうぞ状況を適切にご判断いただき、文脈に照らして考えてご使用ください。

リーダーとして話すための137シーンをピックアップ

MP3・CD音声はページごとにトラック分け。全321

PART11

140 ケンカをしかけられそうになったら

CD 322

※増補分、PART10の音声は含まれていません。

カラーバー

Conciliatory
なだめるように

01 Clearly I have offended you; I am so sorry!
確かに責め過ぎました、すみません！

02 I certainly did not mean to offend you.
あなたを責めるつもりは、さらさらありませんでした。

03 Let's keep this professional.
プロフェッショナルでいきましょう。

04 I would rather work this out in a more civil fashion.
より礼儀正しいやり方で、取り組みたいと思います。

05 I really would rather not escalate this any further.
これ以上、状況をこじらせたくはありません。

06 You don't have to act this way, you know.
このやり方に固執する必要はありませんよ。

07 There is still time to salvage this situation.
この状況を改善する時間は、まだあります。

08 A true professional puts his/her personal issues aside.
本当のプロフェッショナルは、個人的なことは、わきに置くものです。

09 Other people have feelings besides you, you know.
あなただけではなく、他の人にもそれぞれの思いがあるのですよ。

10 You seem to be on the warpath today—I'd better stay out of your way.
今日はケンカ腰のようですね―私は離れていたほうがよさそうです。

11 If you are looking for trouble, you've found it!
争いごとを探しているのなら、ここにあります！

12 Boy, someone sure woke up on the wrong side of the bed.
おやおや、虫の居所が悪いようだ。

Argumentative
議論をぶっかける

各フレーズが相手に与える効果の度合いによって、上下方向にグラデーションで配置

言葉を並置している箇所の音声は、一つめのみを収録

特に、言葉の彩（あや）としてユーモラスな表現を使う際には気をつけてください。時としてユーモアは、自制心をなくしたり、傲慢になったりしたときに出てきてしまうもので、必ずしも誰もがその「ノリ」についてこられるわけではありません。常にニュアンスへの心配りが必要です。

　最後に一つ、大切な点をお話しします。私は、適切な使用法と考えられる範囲内だけを基準に、この本を編んだわけではありません。従って、この本には、口語的な表現や、隠語的表現（スラング）も含まれています。

　それこそがまさに英語であり、アメリカにおいて多くの人々が理解し、使っている言語なのです。そして明らかに、カナダやオーストラリア、あるいは地域によってはアメリカ国内でも、当然表現方法は知らず知らずのうちに変わっていきます。つまるところ、ほかの多くのことと同様ですが、私たちの言葉は生き物であり、変化します。ですから、言語学者の研究領域は常時変わり、そこではいつも新しい単語や口語表現が創り出され、追加され、見直され、改良を施され、そして最後には、ある領域や単語が消滅することさえあります。

　表現方法が、時の流れにしたがって常に変わったり進化したりするように、この本の中身も常にその変化に備える必要があります。どうぞ私のウエブサイトを訪れていただき、ボキャブラリーを増強するための最新情報をご覧ください。またもちろん、この本に関するご意見、ご批判も、併せてお寄せいただければ、サイトをより良いものにできると思います。どうぞよろしくお願いします。

　www.patrickalain.com

Contents

Contents

はじめに 4
優れたリーダーになるための5つのポイント 6
この本の使い方 8

PART 1 | 一般的な会話で

→ 1 分かりやすく、そして簡潔に話す → 2 語彙を増やす
→ 3 慣用句を駆使する → 4 社外への発信は、できれば担当者に任せる
→ 5 他人の失敗から学ぶ → 6 知識で武装する

1 　001 – 003 　同意する（喜んで⇔しぶしぶ） 24
2 　004 – 006 　同意しない（礼儀正しく⇔ぶっきらぼうに） 27
3 　007 – 009 　会話を始める（丁重に⇔ぞんざいに） 30
4 　010 – 012 　会話を終わる（プロフェッショナルらしく⇔素人的に） 33
5 　013 – 015 　知らせを共有する（良い知らせ⇔悪い知らせ） 36
6 　016 – 017 　自分の意見を言う（確信を持って⇔自信なく） 39
7 　018 – 019 　他人の意見を聞く（丁寧に⇔ぞんざいに） 41
8 　020 – 021 　意見を表明する（意図をもって⇔何も考えずに） 43
9 　022 – 024 　さらに情報を求める（丁寧に⇔ぞんざいに） 45
10　025 – 027 　言いたいことを明確にする（如才なく⇔ぞんざいに） 48
11　028 – 029 　打ち明ける（信頼して⇔疑って） 51
12　030 – 032 　話題を変える（建設的に⇔非建設的に） 53
13　033 – 035 　疑念を示す（王道で⇔邪道で） 56
14　036 – 038 　仲たがいした人との関係を修復する（丁重に⇔ぞんざいに） 59

Contents

15 039-040 質問に答える(丁重に⇔ぞんざいに) 62
16 041-044 質問に答えたくないとき(如才なく⇔ぞんざいに) 64
17 045-047 もう一度言ってほしいと頼まれたとき(敬意をもって⇔ぞんざいに) 68

PART 2 | 職場で

→ 1 ポジティブに話す → 2 話す前に考える
→ 3 一つの話を終わらせて次に移る → 4 スピーチの準備をする
→ 5 リーダーらしく書く

18 048-050 昇給を申し出る(プロフェッショナルらしく⇔けんか腰に) 74
19 051-052 休みを願い出る(穏やかに⇔けんか腰に) 77
20 053-055 上司に「ノー」と言う(如才なく⇔ぶっきらぼうに) 79
21 056-057 個人的な事柄を避ける(丁寧に⇔ぶっきらぼうに) 82
22 058-059 個人的なこと、気まずいことを話す(丁寧に⇔ぶっきらぼうに) 84
23 060-061 ほかの人の自信を後押しする(感情的に⇔抑えて) 86
24 062-063 二人きりで話す(丁寧に⇔ぶっきらぼうに) 88
25 064-066 集中して聞いてほしいとき(丁寧に⇔ぶっきらぼうに) 90
26 067-069 仕事を割り振る(丁寧に⇔ぶっきらぼうに) 93
27 070-072 指示のための会議を招集する(プロフェッショナルらしく⇔カジュアルに) 96
28 073-074 会議を終わる(プロフェッショナルらしく⇔作法ぬきで) 99
29 075-077 議論を脱線から戻す(サポート的に⇔威圧的に) 101
30 078-080 方策や解決策を提案する(控えめに⇔堂々と) 104
31 081-082 締切を延ばす(礼儀正しく⇔ぶっきらぼうに) 107

Contents

32	083 - 085	話すのを避ける（丁寧に⇔ぞんざいに）	109
33	086 - 087	意思決定を延ばす（丁寧に⇔ぞんざいに）	112
34	088 - 090	人を団結させる（感激させて⇔脅して）	114
35	091 - 093	上司をおだてる（大げさに⇔地味に）	117
36	094 - 096	部下をやる気にさせる（おだて気味に⇔脅し気味に）	120
37	097 - 099	部下の成果が思わしくないとき（優しく⇔厳しく）	123
38	100 - 102	従業員を解雇する（プロに徹して⇔感情的に）	126
39	103 - 104	仕事のペースを上げる（騒々しく⇔控えめに）	129
40	105 - 107	仕事のペースを落とす（丁重に⇔ぞんざいに）	131

PART

3 | 対立と怒り

→ 1 コミュニケーションと妥協　→ 2 本筋を外れない
→ 3 穏やかな態度と、明快な思考　→ 4 共感をもって聞く

41	108 - 111	緊張を緩和する（なだめるように⇔焚きつけるように）	138
42	112 - 114	他者の対立を終わらせる（如才なく⇔ぶっきらぼうに）	142
43	115 - 116	誤解を乗り越える（よく考えて⇔ぶっきらぼうに）	145
44	117 - 120	攻撃的な発言をされたら（友好的に⇔対立的に）	147
45	121 - 122	相手が怒っていたら（穏やかに⇔対立的に）	151
46	123 - 124	しつこい要求やプレッシャーには（丁寧に⇔ぞんざいに）	153
47	125 - 127	相手が頑固なら（プロフェッショナルらしく⇔素人的に）	155
48	128 - 130	見下す態度をとられたら（丁寧に⇔ぞんざいに）	158
49	131 - 133	脅されたら（気をきかせて⇔ぶっきらぼうに）	161

Contents

50	134 – 136	発言のあら探しをされたら（丁重に⇔ぞんざいに）	164
51	137 – 138	嘘をつかれたら（友好的に⇔闘争的に）	167
52	139 – 140	ケンカを売られたら（柔軟に⇔受けて立つ）	169
53	141 – 143	話に割り込まれたら（礼儀正しく⇔ぶっきらぼうに）	171
54	144 – 146	からかわれたら（丁寧に⇔ぞんざいに）	174
55	147 – 150	批判されたら（まじめに対応する⇔拒否する）	177
56	151 – 153	守りに入られたら（なだめるように⇔責めるように）	181
57	154 – 155	疑いを持たれたら（堂々と⇔身構えて）	184
58	156 – 157	質問の答えを避けられたら（丁重に⇔ぞんざいに）	186
59	158 – 160	怒鳴られたら（まともに⇔陰険に）	188
60	161 – 163	悪態をつかれたら（あっさりと⇔がっつりと）	191
61	164 – 165	話題を変えられたら（丁寧に⇔ぞんざいに）	194
62	166 – 167	侮辱されたら（礼儀正しく⇔厳しく）	196
63	168 – 170	暴力に訴えられたら（なだめるように⇔脅すように）	198

PART 4 　外交

→ 1 信頼を勝ち得る　→ 2 コミュニケーションスキルを磨く
→ 3 あえて曖昧にする技術
→ 4 プレッシャーに強く見せる―実際はそうでなくとも

64	171 – 173	議論の始め方（友好的に⇔対立的に）	204
65	174 – 176	議論のまとめ方、終わり方（友好的に⇔命令的に）	207
66	177 – 178	スピーチの始め方（フォーマルに⇔カジュアルに）	210

Contents

67	179 – 180	スピーチの終わり方（フォーマルに⇔カジュアルに）	212
68	181 – 182	誰かを非難する（巧妙に⇔ぶっきらぼうに）	214
69	183 – 184	コンセンサスを求める（礼儀正しく⇔強制的に）	216
70	185 – 188	意見の違いを述べる（相手を受け入れながら⇔相手を拒みながら）	218
71	189 – 191	微妙な話題を避ける（なだめるように⇔ぶっきらぼうに）	222
72	192 – 194	アドバイス・提案をする（優しく⇔直接的に）	225
73	195 – 196	不要なアドバイスや提案に対して（丁寧に⇔けんか腰に）	228
74	197 – 199	誰かに責められたら（丁寧に⇔けんか腰に）	230
75	200 – 201	噂の標的にされたら（丁寧に⇔けんか腰に）	233

PART 5　交渉

→ 1　望みや目的を明らかに　→ 2　多くを語り過ぎない
→ 3　弱みを見せない　→ 4　必要ならいつでも席を立つ
→ 5　沈黙は金

76	202 – 203	質問する（フォーマルに⇔カジュアルに）	238
77	204 – 205	時間を稼ぐ（プロフェッショナルらしく⇔カジュアルに）	240
78	206 – 207	要点を強調する（丁寧に⇔ぶっきらぼうに）	242
79	208 – 209	納得させる（丁重に⇔そんざいに）	244
80	210 – 211	提案を受け入れる（フォーマルに⇔カジュアルに）	246
81	212 – 214	提案を断る（丁寧に⇔ぶっきらぼうに）	248
82	215 – 217	製品やアイデアを売り込む（強く⇔弱く）	251
83	218 – 219	駆け引きする（前向きに⇔否定的に）	254

| 84 | 220-221 膠着状態のとき（前向きに⇔否定的に） | 256 |
| 85 | 222-224 妥協を求める（礼儀正しく⇔厚かましく） | 258 |

PART 6　問題を解決する

→ 1 診断する　→ 2 支援する
→ 3 戦略を構築する　→ 4 権限を委譲し、フォローする

86	225-228 問題に向き合う（急いで⇔なりゆきで）	263
87	229-230 援助を求める（プロフェッショナルらしく⇔カジュアルに）	267
88	231-233 複雑な問題を単純化する（如才なく⇔ぞんざいに）	269
89	234-235 辛いことに直面している人に（個人的に⇔深入りせずに）	272
90	236-238 直近の問題について話す（前向きに⇔後ろ向きに）	274
91	239-240 過去の問題について話す（前向きに⇔後ろ向きに）	277
92	241-242 プランを提案する（積極的に⇔消極的に）	279
93	243-244 冷静になる必要があるとき（フォーマルに⇔カジュアルに）	281
94	245-246 警告する（かすかに⇔はっきりと）	283
95	247-248 不満を伝える（礼儀正しく⇔ぶっきらぼうに）	285
96	249-251 不平に応える（共感して⇔遠慮なく）	287
97	252-254 否定的になっている人に（思いやりのある⇔思いやりのない）	290
98	255-256 複雑な問題を単純化し過ぎる人に（丁重に⇔ぶっきらぼうに）	293

PART 7 礼儀

→ 1 自分がしてほしいように、他者にも接する → 2 笑顔で対応する
→ 3 隔たりのない表現に気を配る
→ 4 身振り手振りや、声の調子などにも配慮する
→ 5 ゴシップを避ける → 6 話の途中で割り込まない

99	257 – 258	助けを求めるとき（フォーマルに⇔カジュアルに）	298
100	259 – 260	助けを差し伸べるとき（フォーマルに⇔カジュアルに）	300
101	261 – 262	助けを求められたとき（共感しながら⇔拒否を含んで）	302
102	263 – 264	感謝するとき（プロフェッショナルらしく⇔カジュアルに）	304
103	265 – 266	感謝されたとき（フォーマルに⇔カジュアルに）	306
104	267 – 268	賛辞を述べるとき（フォーマルに⇔カジュアルに）	308
105	269 – 270	褒められたとき（受け入れる⇔受け流す）	310
106	271 – 272	招待されたとき（承諾する⇔断る）	312
107	273 – 275	言ってしまったことを謝る（謹んで⇔傲慢に）	314
108	276 – 277	やってしまったことを謝る（謹んで⇔傲慢に）	317
109	278 – 279	忘れたことを謝る（謹んで⇔傲慢に）	319
110	280 – 281	遅刻を謝る（謹んで⇔傲慢に）	321
111	282 – 283	チームの過失を謝る（謹んで⇔傲慢に）	323

Contents

PART

8 | マキャベリストのテクニック
→ 1 脅す → 2 垣根を張り巡らせる
→ 3 動機づける → 4 取り入ろうとする輩は遠ざける

112	284-285 不安にさせる（さりげなく⇔あからさまに）	328
113	286-287 脅す（さりげなく⇔あからさまに）	330
114	288-289 情報を人から引き出す（さりげなく⇔あからさまに）	332
115	290-291 批判をそらす（まともに⇔陰険に）	334
116	292-293 「私は無能だ」と相手に思い至らせる（ユーモラスに⇔辛辣に）	336
117	294-295 仕事に干渉されたら（友好的に⇔強制的に）	338
118	296-297 会話の主導権を握る（丁寧に⇔ぶっきらぼうに）	340
119	298-299 最後の一言を言う（さりげなく⇔あからさまに）	342
120	300-301 再考を促す（さりげなく⇔あからさまに）	344
121	302-304 特定の話題を避ける（プロフェッショナルらしく⇔素人的に）	346
122	305-307 巧みに相手を避ける（如才なく⇔ぞんざいに）	349
123	308-309 信頼を得る（積極的に⇔なりゆきで）	352

PART

9 | リーダーのための ボーナス・セクション

124	310-311 リーダーの「イエス」の言い方（断定的に⇔暫定的に）	356

125　312-313　リーダーの「ノー」の言い方（断定的に⇔暫定的に）……… 358
126　314-315　リーダーの「たぶん」の言い方（フォーマルに⇔カジュアルに）… 360
127　316-317　リーダーの「知らない」の言い方（断定的に⇔暫定的に）……… 362
128　318-319　リーダーの「わからない」の言い方（丁寧に⇔ぞんざいに）……… 364
129　320-321　リーダーの「機密事項」の言い方（丁寧に⇔ぞんざいに）……… 366

PART 10　メンバーの力を引き出すコーチング

130　新人をコーチする（微妙に⇔はっきりと）……… 370
131　成果を上げている社員をコーチする（微妙に⇔はっきりと）……… 372
132　思わしい結果を出せない社員をコーチする（穏やかに⇔きっぱりと）……… 374
133　燃え尽きてしまった社員をコーチする（共感する⇔発破をかける）……… 376
134　素行の悪い社員をコーチする（優しく⇔強硬に）……… 378
135　個人的に問題を抱えた社員をコーチする（共感する⇔発破をかける）……… 380
136　自分より下位のマネージャーをコーチする（助言する⇔強制する）……… 382
137　チームの成果のためにメンバーをコーチする（優しく⇔威圧的に）……… 384

Special Interview　日本版刊行によせて ─── 日本の読者の方々へ ……… 387

カバーデザイン◎重原隆
本文＆CDデザイン◎高橋明香（おかっぱ製作所）

一般的な会話で | PART 1

A good conversationalist says what someone wants to remember.
___John Mason Brown

会話がうまい人は、相手が忘れたくないと思うような話ができる人だ。
———ジョン・メイソン・ブラウン（批評家、作家）

introduction

上手に話せることは、人が身につけるべき重要な能力です。正しく話すことはもちろんですが、ありがちな間違いを避けることも大切です。次の6つは、あなたがリーダー然として話をする際にとても役立つポイントです。

1 分かりやすく、そして簡潔に話す

リーダーになりたいと望んでいる人は、自分の考えを分かりやすく、しかも簡潔に表現します。決して、会話を独り占めしたり、同じ議論を繰り返したり、枝葉末節にこだわるような話し方はしません。ドナルド・トランプ（トランプ・オーガニゼーション会長兼CEO）が良い例でしょう。彼は聞いている人を煙に巻くような意味のない言葉は避けて、ストレートに話します。著書『金の作り方は億万長者に聞け！』で、彼は、「Bullshit will only get you so far.（いいかげんな人は、何をどうやってもダメだ）」と書いています。簡単な言い回しで、分かりやすい表現です。私ではこうは言えなかったでしょう。

2 語彙を増やす

自分はもう十分に豊富な語彙があると思ってはいけません。毎日、一語か二語は新しい単語を学ぶことを自分に課してください。雑誌や本を読んで、知らない単語が出てきたらアンダーラインを引くこと。意味を確認し、毎日の会話でそれらの単語を使ってみてください。仮にあなたが普通の人より1000語多く単語を知っているとしたら、あなたは間違いなく他より抜きん出ることになります。リーダーとして使うべき語彙を身につけることになるのです。

3 慣用句を駆使する

言葉の細かいニュアンスの違いを学び、それを実際に現場で活用してください。この学びのプロセスに終わりはありません。活用できる場面があるなら、いつでも、多彩で活力に溢れたフレーズや単語を使ってみましょう。例えば、New York minute（瞬間、あっという間）、punch drunk love（強烈な一目惚れ）といった言い回しを会話に取り入れてみます（いずれも映画のタイトル）。もちろん、あまりにありふれた言い回しにならないよう気をつけてください。印象深く、説得力のあるコミュニケーションが可能なはずです。

4　社外への発信は、できれば担当者に任せる

　リーダーとして組織の中での権限が上がっていくと、リスクも増えていきます。メールルームで仕事をしていたときや、セールスチームの一員として営業していた頃に比べると、コミュニケーション上のリスクは格段に増えます。リーダーの言葉は組織内の各階層に順番に伝達され、前向きな効果を生み出すときもあれば、微塵の効果も生み出さないときもあります。リーダーは、夕刊のトップ記事を飾ることもあれば、スキャンダル誌の表紙になってしまうこともあるのです。リーダーの言葉は、安心も、絶望も作り出すことができ、リーダーの発言の影響力は、メディアへの露出が高まれば高まるほど急激に増加します。そのため多くの経営者や政治家は、外部に対するコミュニケーションの多くを、社内のPR担当者に任せているのです。できることなら、そうしたほうがいいに決まっています。

5　他人の失敗から学ぶ

　コミュニケーションが上手でない人を見つけたら、自分も同様のことをしていないか、しっかり確認してください。あなたの近くに規範となる人がいたら、その人のやり方を手本としてください。そうすれば日を経るごとに自然にあなたのコミュニケーション力も向上します。

6　知識で武装する

　リーダーは、自分の議論をさらに広げるために、個人的な逸話や、最近のイベント、また歴史などに関する知識を話す傾向にあります。インパクトを最大にするために、最近話題のニュースや、スポーツの結果、封切られたばかりの映画や、個人的な体験からの話題を集め、会話の情報源としてください。

1 | 同意する

CD 001

Effusive / 喜んで

01 True!
その通り！

02 That's absolutely true.
全くその通りです。

03 You're reading my mind.
お察しの通りです。

04 I couldn't agree more.
これ以上の合意はないでしょう。

05 I agree with you wholeheartedly.
心から賛同します。

06 I agree.
同意します。

07 We're on the same page about this.
この件に関しては、お互い全く同じ理解をしていると思います。

08 That's a good point.
良い指摘ですね。

09 I'm in complete agreement.
完全に同じ意見です。

10 That makes total sense.
全く理にかなっています。

11 I know exactly what you mean.
おっしゃっていることはよく分かります。

12 We see eye to eye.
お互い同じ意見ですね。

13 You're correct.
あなたは正しいと思います。

Begrudging / しぶしぶ

Effusive / 喜んで

14 My opinion corresponds with yours.
私とあなたは全く同じ意見です。

15 Our opinions coincide very well.
我々の意見はぴったり合っています。

16 You've touched on the essence of what I was trying to say.
あなたは私が言おうとしていたことの核心に触れました。

17 Our thoughts are in complete accord.
私たちの考えは完全に一致しています。

18 I'm in full agreement with you.
あなたに全く同感です。

19 I subscribe to your point of view.
あなたの考えを支持します。

20 I think your point is very well taken.
ご指摘はその通りだと思います。

21 I'm glad to see that we're on the same page.
お互いの考えが同じだと分かり嬉しいです。

22 Common sense tells me you're right.
常識から考えて、あなたが正しいと思います。

23 We're on the same wavelength.
私たちは波長が同じですね。

24 I'm square with you on that.
それについては同意します。

25 I have no problem with that.
それについては、何の問題もありません。

26 Your view of things is well received.
あなたの物の見方がよく分かりました。

Begrudging / しぶしぶ

Effusive / 喜んで

27 Your point has relevance.
あなたの指摘は妥当だと思います。

28 I have no qualms with your perception of things.
あなたの認識に対して、何も心配していません。

29 I concede the point.
その点は認めましょう。

30 I give up—you win.
降参—あなたの勝ちです。

31 You're going to keep arguing until I give up, so have it your way.
私が手を引くまで議論するおつもりでしょうから、どうぞお好きなようにおやりください。

32 You're right, as always. [sarcasm]
いつものように、あなたは正しいです。[皮肉]

Begrudging / しぶしぶ

2 | 同意しない

CD 004

01 We appear to have a divergence of beliefs.
どうやら思っていることに相違があるようですね。

02 I understand the point you're making, but...
おっしゃっていることの要点は分かります、しかし…

03 I certainly get what you're saying, but...
言っていることは重々理解しています、でも…

04 I respect your point of view, but...
ご意見は尊重します、でも…

05 I don't entirely agree with you on that.
この件について必ずしも全部同意するというわけではありません。

06 I must courteously disagree with you.
恐縮ですが、同意しかねます。

07 I respectfully disagree.
恐縮ですが、同意できません。

08 That's not the way I see it.
私にはそう思えません。

09 That's one way to look at it, but it's not the right way.
それも一つの見方だとは思いますが、正しいとは思えません。

10 Few experts on this subject would agree with you.
この件に関して、あなたに同意する専門家は少ないでしょう。

11 There's more than one way to look at this situation.
この状況には、ほかに違った見方もあると思います。

12 There's a lot of speculating going on here.
ここには様々な見方をする人がいます。

13 There's obviously a divergence in interpretation.
解釈において、明らかな違いがあります。

礼儀正しく | Civil

14 I have a point of disagreement.
同意できない点があります。

15 I guess we're going to agree to disagree.
お互い、同意できないことに同意できそうですね。

16 I have great doubts about that.
その件については大きな疑問があります。

17 Not really, but I value your opinion.
気が進みませんが、ご意見の価値は認めます。

18 There's a better way to look at this.
もう少しうまく考える方法があると思います。

19 Your premise is a bit flawed.
議論の前提に、少し不備があると思います。

20 You might want to look it up because that's not right.
それは間違っていますから、きっと調べたくなると思いますよ。

21 You leave me no choice but to disagree with you.
私は反対するしかないですね。

22 I don't subscribe to this point of view.
この見方には同意できません。

23 I have no option but to disagree with you.
反対するしかありません。

24 Our opinions are radically different.
お互いの意見が根本的にかけ離れています。

25 My disagreement with you stems from the simple fact that you're wrong.
同意できないのは、単純にあなたの意見が間違っているからです。

ぶっきらぼうに | Blunt

26 I disagree with you completely.
全く同意できません。

27 **There is no truth to that whatsoever.**
真実のかけらもないと思います。

28 **You need more education on the matter.**
この件について、もっと勉強してください。

29 **You're out of touch.**
相当ズレている（知らなすぎる）と思います。

30 **You couldn't be more wrong.**
これ以上（間違えることができ）ないほど間違っています。

31 **You're so wrong, you don't even know how wrong you are!**
あなたは間違っている上に、自分がどれほど間違っているかにすら、気づいていません！

3 会話を始める

丁重に / Courteous

01 It's great talking to you.
お話しできて嬉しいです。

02 I can't wait to get deeper into this topic with you.
この件に関して、あなたとより詳しくお話しできることが待ちきれません。

03 I've wanted to talk with you for a long time.
ずっとお話ししたいと思っていました。

04 I would appreciate having a conversation with you.
お話しさせていただくことに感謝します。

05 I'd like to talk to you about something for a moment.
少しの間、お話ししたいのですが。

06 Do you have a minute? I would like to discuss something with you.
ちょっとよろしいですか？ご相談したいことがあります。

07 It would help me a lot to know your opinion on…
…の件に関して、ご意見をお聞かせいただければ有難いのですが。

08 I really want to have a dialogue with you about this.
この件に関して、お話しさせていただきたいのですが。

09 I'm listening to you and I want to understand.
注意深くお聞きして、理解したいと思います。

10 Today, I'm hoping we can discuss…
今日、…についてお話しできればと思っています。

11 Please feel free to speak openly.
どうぞお気軽に、忌憚なくお話しいただければ。

12 Whatever results from our discussions will be just fine.
どのような結論でも構いません。

13 I'd like for our conversation to lead to something concrete.
具体的な何かが、対話によって出てくるとよいのですが。

ぞんざいに / Rude

14 **I've always been good with conversing freely—how about you?**
自由に会話するのが好きなのですが—あなたはいかがですか？

15 **I'd like to elaborate a bit on...**
…について、もう少し詳しくご説明させてください。

16 **This is a tricky subject—let's talk about it for a while.**
少し扱いにくい問題ですね—これについて少し話しましょうか。

17 **Let's take a whack at this, shall we?**
ちょっと話してみませんか？

18 **At this point, the more we talk, the better it will be.**
この点に関しては、話せば話すほどよいと思います。

19 **I need to get my point across.**
要点をお伝えしないといけませんね。

20 **We'll get further if we can get along from the start.**
最初の段階からご一緒できれば、より詳しいお話ができると思います。

21 **My goal is for this to become less ambiguous.**
私の目標は、なるべく曖昧さを残さないようにすることです。

22 **Please help me get comfortable with your side of the argument.**
私にも理解できるように、教えてくださいますでしょうか。

23 **Why not simply talk about it? What could be the harm in that?**
まずは率直に話してみたらいかがですか。別に支障はないでしょう。

24 **I'm not looking to simply talk—I'm in this to make something happen.**
ただ単に話がしたいのではなく—仕事を進めるために話しているのです。

25 **I'm seeing you today to hear you out and possibly help you.**
今日は意見をお伺いし、私に何かお手伝いできればと考え、お会いしています。

26 We should have started this discussion long ago.
もっと前にこの議論を始めていればよかったですね。

27 I wish we didn't have to talk about this, but there isn't any way around it.
話さずに済めばそれに越したことはないのですが、もう避けるわけにはいきません。

28 The only reason you're here is so I can hear you out.
あなたは私に話を聞かせるために、ここにいるのでしょう。

29 This is probably pointless, but let's see how far we can get.
あまり意味はないかもしれませんが、どこまで話し合えるかやってみましょう。

30 We may as well get going with this—I haven't got all day.
ここから始めましょう——一日中これにかかりきりというわけにはいかないので。

31 I'm calling you out!
こちらに来てください！

32 Get in here and talk to me now!
ここに来て、私と話しなさい！

4 | 会話を終わる

01 Talking to you is always a pleasure.
あなたとのお話は、いつも楽しいです。

02 I can't believe how wonderfully our talk went.
信じられないほど、よいお話ができました。

03 This dialogue was very helpful, thank you.
大変助かりました、有難うございます。

04 I learned a lot talking to you, thanks for everything.
多くのことを学ぶことができました、いろいろと有難うございます。

05 I'm sorry this is over—I was learning a lot.
お話が終わってしまい残念です―たくさんのことをご教示いただきました。

06 Thank you, I enjoyed our talk immensely.
有難うございます。とても楽しく会話ができました。

07 It was great talking to you.
お話しできたことに感謝いたします。

08 I got a lot out of our conversation.
会話から多くのご示唆をいただきました。

09 I apologize, but I must leave.
すみません、お暇しなければなりません。

10 I could listen to you for hours but, alas, I must go now.
もっと何時間でもお聞きできるといいのですが、おや、もう行かなければなりません。

11 I'd like to continue with this, but I'm late for...
もっと続けたいのですが、次の…の約束に遅れておりまして。

12 I have pressing matters to attend to now.
急ぎの用事で行かなければなりません。

13 Let's stop here.
ここで打ち切りましょう。

Professional / プロフェッショナルらしく

14 Sorry, but I'm needed elsewhere.
すみません、移動しなければなりません。

15 I regret I can't pursue this conversation any longer.
残念ですが、この会話をこれ以上続けることはできません。

16 Sorry, I prefer not to continue.
すみません、続けないほうがいいです。

17 This is as good a place to end our discussion as any.
このへんで、おしまいにする潮時です。

18 We won't be able to get anything out of such a big subject in just a day.
この大きな事項に関して、たった1日で何かを決めることはできません。

19 I can't be of any use to you from this point on.
ここから先はお役に立てることがありません。

20 Can we talk about something else, please?
何かほかの件についてお話ししませんか？

21 There's no need to discuss this any further.
これ以上、議論の必要はありません。

22 We've spoken enough about this.
この件に関しては十分話しましたね。

23 Let's stop this right here.
ここでやめましょう。

24 Let's pull back before we go too far.
行き過ぎる前に、議論を戻しましょう。

25 This discussion isn't appropriate any longer.
これ以上の議論はすべきではありません。

26 This topic disturbs me quite a bit.
この話題はとても迷惑です。

Unprofessional / 素人的に

CD 011

Professional / プロフェッショナルらしく

27　We could talk about it for 10 years and we still wouldn't have an answer.
この件に関しては 10 年でも議論できるとは思いますが、それでも答えは出ないと思います。

28　More talk would simply be a waste of our time.
これ以上の議論は、単に時間の無駄です。

29　I just don't want to speak about this now.
今この件に関しては話したくありません。

30　I'm not interested in this topic any more.
もうこの件に関しては興味がありません。

31　As far as I'm concerned, this conversation is over.
私に言わせれば、この対話は、すでに終わっています。

32　My apologies if I choose to not waste my time with this conversation.[sarcasm]
この会話は有益だと、私が判断したことを謝ります。[皮肉]

33　Talking to you just makes my brain hurt.
あなたと話すと脳がやられます。

34　I'm not listening... [musically]
聞いていませ〜ん。[曲のような抑揚で]

35　I have nothing more to say to you.
これ以上、言うことはありません。

36　This conversation is over!
この会話は終わり！

37　You'd better shut your mouth before you put your foot in it.
（会話に）土足で踏み込む前に、その口を閉じなさい。

Unprofessional / 素人的に

5 | 知らせを共有する

CD 013

Good / 良い知らせ

01 This news is so good, it will blow your mind!
これは良いニュースです、きっとワクワクしますよ!

02 This is such great news, there's no way to hide it!
こんな良いニュースを、隠しておくなんてとんでもない!

03 I can't wait to tell you this amazing news!
この驚くべきニュースを知らせたくて、知らせたくて!

04 This is what you've been waiting to hear!
これぞ待ち望んでいたニュースです!

05 The best thing just happened—let me tell you about it!
最良の出来事が起こったんです―お話しさせてください!

06 You won't believe the news I have for you!
お話ししても信じてもらえないでしょうね!

07 Wait until you hear this!
これを聞くまで待ってください!

08 I'm really pleased to tell you that...
…についてお話しできて本当に嬉しいです。

09 I can't do this news justice, but I'll try.
しっかりお伝えできるかどうか分かりませんが、お話ししてみます。

10 This piece of information is going to make your day.
あなたをきっと喜ばせる、ちょっとした情報があります。

11 I'm not sure how to say this, but...
どう言ったらいいのか分からないのですが、…

12 I think this is something you should know.
あなたが知っておくべきことだと思います。

Bad / 悪い知らせ

Good / 良い知らせ

13 I'm going to have to let you down easy.
がっかりさせてしまうかもしれません。

14 I'm afraid I have to give you the lowdown about…
残念ながら、…の内情についてお話ししなければなりません。

15 I'm going to have to break it down for you.
噛み砕いてお話ししようと思います。

16 Let me put this as gently as I can.
できる限り、分かりやすくお話しします。

17 I don't mean to bring you down, but…
がっかりさせるつもりはないのですが、…

18 I didn't want to be the one to tell you this, but…
こんなことを言いたくはないのですが、実は…

19 Don't shoot the messenger, but…
私は単なる伝言役ですから、お怒りにならないでください、実は…

20 There's no good way to cut the deck, so let me just say…
うまい言い方が見つからないのですが、つまりですね…

21 It's not easy to say what I'm about to say.
これから言おうとしていることは、実は簡単にはお伝えできないことなのです。

22 I hate to be the bearer of bad tidings, but…
悪い知らせを伝えるのは嫌なのですが、実は…

23 You aren't going to like what I have to say, but…
今から私が言うことはお気に召さないとは思いますが、実は…

24 There's no good way to tell you this, but…
うまく伝える方法がないのですが、実は…

Bad / 悪い知らせ

良い知らせ | Good

25 Are you sitting down? I'm afraid I have news you probably don't want to hear.
驚かないで聞いてくれますか？たぶん聞きたくはない知らせだと思います。

26 I'm afraid I have some bad news to report.
残念ながら、お伝えするべき悪い知らせがあります。

27 Yes, it's bad—here's the scoop.
はい、これがその悪い知らせです。

悪い知らせ | Bad

6 自分の意見を言う

CD 016

01 I can say without equivocation that...
はっきり申し上げますと、…

02 With much conviction, I say...
確信を持って申し上げますと、…

03 I'm speaking from experience when I say...
以前の経験から申し上げますと、…

04 There is no doubt in my mind that...
私の中では疑いの余地はないのですが、…

05 I can assure you I know what I am talking about.
何を申し上げているかは、十分分かっているつもりです。

06 There is no hesitation in what I am about to say.
これから申し上げることには、何の迷いもありません。

07 If you'll allow me to be frank.
率直に申し上げることをお許しください。

08 From my perspective...
私の見るところ、…

09 Let me just say...
要するに、…

10 What I am trying to say is...
私が申し上げようとしていることは、…

11 It's just my gut feeling, but let me say...
これは単なる直感なのですが、…

12 If you'll allow me to interject for a moment...
少し言葉を差し挟ませていただきますと、…

13 That's all good, but what I am trying to say is...
あらかたよいのですが、私が申し上げたいことは、…

Certain / 確信を持って

14 My guess would be...
私が思うところ、おそらく…

15 I feel I have to get this off of my chest.
私の胸の内を明かさないといけませんね。

16 I think I'd like to say something here.
少し言いたいことがあります。

17 If I am not mistaken...
間違いでなければ、…

18 I'm not sure, but I think...
よく分かりませんが、私が思うに…

19 I could be wrong, but...
間違いかもしれません、しかし…

20 I may not have assurance, but...
確信は持てませんが、しかし…

21 I know I'm usually wrong, but take this for what it's worth.
よく間違うことは承知していますが、これは私の意見として受けとめてください。

22 May I add my measly two cents?
私も少しだけ、意見を言ってもいいですか？

CD 017 / Uncertain / 自信なく

7 | 他人の意見を聞く

01 I'd love to get your take on this.
あなたの考えをお聞きしたいのですが。

02 Is there anything you'd like to add?
何か付け加えたいことはありますか？

03 I welcome all opinions, so please speak freely.
どんな意見でも歓迎です。どうぞご自由にお話しください。

04 Would you like to interject?
何か意見を表明したい部分はありますか？

05 What do you think about…
…について、どう思われますか？

06 I am open to any suggestions.
どのような提案でも構いません。

07 Would you like contribute to this dialogue?
この議論に貢献してください。

08 What's your view of the situation?
この状況へのご意見はいかがですか？

09 It would help me a lot to know your opinion on…
…の件に関して、意見をお聞きすることはとても助かります。

10 As a proponent of X, would you say that…
Xの提案者として、…に関して一言ご説明ください。

11 Dialogue is key—what do you have to say?
議論することが大切だと思います—ご意見はいかがですか？

12 Don't be afraid of being misunderstood.
誤解を恐れずおっしゃってください。

13 Please speak freely.
自由に話してください。

Polite / 丁寧に

14 Any input is welcome.
どのような意見も歓迎です。

15 If you don't agree, show me an alternative.
反対の場合は、代替案をお願いします。

16 What's your best answer?
一番良いと思う答えは何ですか？

17 I can't proceed without hearing from you.
あなたの意見を聞かないことには先に進めません。

18 Speak your mind or forever hold your peace.
意見を言うか、そうでなければ一切言わないかのどちらかです。

19 Have you got an answer or not?
意見がありますか、ありませんか？

20 You're going to say it anyway, so get it over with!
どうせ何か言わないといけないのですから、今言ってみてはどうですか！

21 Just spit it out already!
はっきり言ってください！

Rude / ぞんざいに

8 | 意見を表明する

01 **Let me put this as delicately as I can.**
できる限り注意してお話しします。

02 **While I think there may be more sides to this, let me begin by saying...**
立場によっていろいろあるとは思いますが、まずは…からお話しします。

03 **Without making any concessions, I believe...**
何の譲歩もなしに申し上げるならば、私の見解は…

04 **Without choosing sides, let me say that...**
どちらかに味方することなく、言わせていただきますと…

05 **Although it's hard to put into words, I must admit that...**
言葉にするのは難しいのですが、…と認めなければなりません。

06 **Even before all the votes are counted, let me say that...**
大勢が判明する前ではありますが、言わせていただきますと…

07 **Before the news comes in, I would like to acknowledge that...**
知らせが来る前に、…を認めたいと思います。

08 **While all the ballots aren't in, I'd like to say that...**
投票がすべて終わったわけではありませんが、私が申し上げたいことは…

09 **I understand that this is a tricky/delicate/taboo topic, but...**
これは、厄介な・微妙な・忌み嫌われる話題とは思いますが、…

10 **I'm on the side that says...**
私の立場は、…

11 **I have to be honest with you and say...**
正直に申し上げるなら、…

12 **Please hear me out when I say...**
最後までお聞きいただけますか、実は…

Tactful | 意図をもって

13 **I would like to be frank, is that okay?**
正直に申し上げたいのですが、よろしいですか？

14 **I have to tell you this directly.**
率直に申し上げなければなりません。

15 **I don't want to step on anybody's toes, but...**
他の人の権利を侵害するつもりはありませんが、…

16 **Listen, please! I have something of importance to say.**
聞いてください！重要なことを言わなければなりません。

17 **With all due respect, I feel that...**
失礼ながら、私が思いますに…

18 **Let's not beat around the bush, okay?**
回りくどい表現はやめましょう、いいですね？

19 **There's no good way to say this, so I'm just going to say it.**
うまく表現する方法はないので、まずは言います。

20 **Let's stop with the niceties and get everything on the table, shall we?**
細部にこだわるのはやめて、すべてさらけ出しましょう、どうですか？

Tactless | 何も考えずに

9 さらに情報を求める

01 **I'm probably being dense, but could you say more on this?**
私の頭が鈍いのだと思いますが、この件に関してもう少しお話しいただけませんか？

02 **I would like to know your position better.**
あなたの立場をもう少し教えていただけますか。

03 **Would you be able to substantiate this?**
これを実証できますか？

04 **Can you elaborate on your position?**
あなたの意見をより詳しくお教え願えませんか？

05 **Would you say that one more time, please?**
もう一度、おっしゃっていただけないでしょうか？

06 **Would you please shed some light on this?**
この件をもう少し詳しくご説明いただけませんか？

07 **I'm sorry, could you tell me more?**
すみません、もう少しお話しいただくことはございませんか？

08 **May I ask you to expand on that?**
この件に関して、より詳しくご説明いただけますか？

09 **Your points are well taken, but there are a few things I still need clarified.**
説明はよく理解できました。しかしまだいくつか確認が必要なことがあります。

10 **I would like to have all the information—would you please elaborate?**
この件に関してすべての情報がほしいのですが—詳しく話していただけますか？

11 **Perhaps you could clear something up for me.**
おそらくあなたなら、明快に整理していただけるのではないかと。

12 **I'm not sure what I heard—do you mind repeating it?**
よく分からなかったのですが—恐縮ですがもう一度言っていただけますか？

Polite / 丁寧に

13 Would you explain this a bit more thoroughly?
もう少し詳しくご説明いただけますか？

14 Your message was a bit garbled—would you restate it?
メッセージの内容が聞き取れません—もう一度言っていただけますか？

15 I may have misunderstood you—would you repeat that again?
おそらく私が誤解していると思うのですが—もう一度言っていただけますか？

16 I'm not sure I understood you very well.
分かっているかどうか自信がないのですが。

17 Show me what you mean.
どういう意味かご説明ください。

18 Can you provide more information?
もう少し情報を頂戴できますか？

19 I don't understand you at all. Would you clarify?
全く分かりません。より明確に言っていただけますか？

20 Can you explain yourself more clearly?
より分かりやすく説明していただけますか？

21 Sorry, what was your point?
すみません、言いたいことは何ですか？

22 What are you trying to say?
何が言いたいのですか？

23 Is there something you're not telling me?
私にお話しいただいてないことがありますか？

24 Please get to the point.
要点を言ってください。

25 I need more than this to continue our discussion.
議論を続けるためには、今以上の情報が必要です。

Rude / ぞんざいに

26 Lay your cards on the table where I can see them.
全部のカード（情報）をテーブルの上に並べて、見えるようにしてください。

27 I demand an answer.
答えを要求します。

28 Just spill the beans already!
包み隠さずに情報を出してください！

10 言いたいことを明確にする

01 Let me word that a bit differently.
ちょっと違った表現をさせてください。

02 I'm sorry, let me say it another way.
すみませんが、ほかの言い方をさせてください。

03 I've got a few pointers that might help you out.
いくつかのヒントがありますので、よりご理解いただけると思います。

04 Allow me to rephrase.
違う言い方をさせてください。

05 This is a complicated issue; let's see if we can figure it out together.
込み入った内容ですので、一緒に考えてみましょう。

06 I have a few ideas that may help you understand better.
いくつかアイデアがあるので、それでよりご理解を深めてもらえると思います。

07 This is a bit confusing, but I'm sure we can figure it out.
少しややこしいですが、一緒に考えればはっきりさせられると思います。

08 Let's try to make sense of this.
分かりやすくしてみましょう。

09 I can help you comprehend that better.
もう少し理解を深めてもらえる手助けができると思います。

10 I'll rephrase the information so it is more easily understood.
情報を言い換えますので、より簡単に理解できると思います。

11 Let me help you understand.
理解を深めていただくよう、お手伝いします。

12 If there are any misunderstandings, let's take care of them now.
誤解があるようなら、今、何とかしましょう。

13 **If anything is unclear, I'd like to deal with it.**
不明確な点があれば、それに取り組んでみたいと思います。

14 **Let me be clear.**
明確に申し上げます。

15 **Let's go over it again, for clarity's sake.**
もう一度やってみましょう、明確にするために。

16 **I sense that we have a problem communicating— let's get this straightened out.**
意思の疎通ができていないように感じます―整理して話してみましょう。

17 **I can repeat myself if you don't get it.**
お分かりにならなければ、繰り返します。

18 **If you don't understand, let me clarify.**
お分かりにならなければ、はっきりさせましょう。

19 **Let me try to make sense of it for you.**
つじつまが合うように説明させてください。

20 **If you're having trouble understanding, I can go over it again.**
理解できないのであれば、もう一度ご説明します。

21 **I can make that clearer if you really need help understanding.**
しっかりお分かりいただくために、必要であればより詳しくお話しします。

22 **If you don't understand, I guess you'll need to do some research.**
分からないのなら、ご自身で、いくらか調べてみる必要があると思います。

23 **Don't guess when I can easily set you straight.**
(間違っていたら、私に) 正してもらえばいいなどと、安易に私をあてにしないでください。

24 **I guess I'd better clarify what you can't seem to grasp.**
あなたの分かっていないところを説明してあげたほうがよさそうですね。

Diplomatic / 如才なく

25 **Let me make clear what you clearly don't comprehend.**
明らかにあなたが分かっていない点を、はっきりさせましょう。

26 **You're clearly out of your depth, let me enlighten you.**
あなたは到底理解できていないので、私に説明させてください。

27 **You're hopeless!**
お手上げですね！

Rude / ぞんさいに

11 | 打ち明ける

01 I feel like I could tell you anything.
あなたになら、何でも話せる気がします。

02 I have to be honest—you are the only one I trust.
正直に言います―あなただけが信頼できる人なので。

03 You are my sole confidant.
あなたは、私が信頼するたった一人の人です。

04 You're the only one I can really talk to.
あなたは、私が本当に話せるたった一人の人です。

05 I know I don't have to hold back when we speak.
私たちの間では、身構えて話す必要はないですね。

06 You're my go-to guy/girl.
私が最初に相談するのは、いつもあなたです。

07 I put a lot of stock in your opinion.
あなたの意見を、とても信頼しています。

08 There are very few people I confide in.
打ち明けられる人はほとんどいません。

09 I trust you implicitly.
心から信頼しています。

10 I know I can rely on you to be discreet.
あなたなら、口外しないと信じています。

11 I feel comfortable discussing this with you.
あなたとなら安心してこの件を話せます。

12 I wouldn't say this if I didn't have faith in you.
あなたを信頼していなければ、このようなことは言いません。

13 This is just between me and you.
ここだけの話です。

Trusting / 信頼して

14 Trust is very important to me.
信頼が一番大切なことです。

15 After knowing each other for so long, I know I can trust you.
長いお付き合いですので、信頼できる人であることは分かっています。

16 To tell you the truth...
本当のことを言うと、…

17 My word is my bond.
私の言葉に嘘はありません。

18 Can you keep a secret?
秘密を守れますか？

19 I can tell you anything, right?
何でも話していいんですよね？

20 What I tell you here, stays here.
申し上げたことは、ここだけに留めてください。

21 I have to disclose something to you, but I'm not sure if I should.
打ち明けてしまいたいのですが、それが正しいことかどうかは分かりません。

22 I just want to confirm that these conversations are completely confidential.
確認ですが、話の内容は完全に極秘です。

23 There are some things you must keep to yourself.
あなたの中だけに留めておいてください。

24 What I'm about to tell you dies here.
今からお話しすることは、ここだけの話です。

25 If you tell this to anyone, our relationship is over.
もしこれを誰かに話したら、その時点で私たちの関係は終わりです。

Untrusting / 疑って

12 話題を変える

CD 030

Constructive / 建設的に

01 With the greatest respect for the agenda, I would like to also discuss this.
今日の議事進行を尊重してはいますが、この話題についても議論したいと思います。

02 Because of recent events/updates, I would like to prioritize a few additional points.
最近の出来事や状況により、いくつかの論点を追加し優先させたいと考えます。

03 Without conceding any points, I would like to address this side issue for a moment.
他の議論を妨げるつもりはありませんが、細かい点について言及したいと思います。

04 We should look to the future now and discuss other ideas.
将来のことを考えて、他のアイデアを議論するべきだと思います。

05 Let's move on to something else—we have a lot to cover.
他の論点に移りましょう―多くの議題を取り上げなければなりません。

06 Let's move on to the next point on the agenda.
次の議題に移りましょう。

07 Let's not dwell on this too long.
この論点だけに長く留まるのはやめましょう。

08 Do you mind if we change the subject?
議題を変えてもよろしいですか？

09 For the sake of everybody's time, let's move on.
出席者全員の時間を尊重し、次に移りましょう。

10 Can we move on? Everyone's time is valuable.
次に移りませんか？皆さんの時間は貴重です。

Destructive / 非建設的に

11 I think we've thoroughly exhausted the topic—what's next?
かなり議論はし尽くしたと思います―次の議題は何ですか？

PART1 一般的な会話で

	Constructive 建設的に

12 By the way, do you have any big plans for the weekend?
ところで、週末は何か大きな予定がおありですか？

13 I'd like to go to the movies—have you seen any good ones recently?
映画に行こうと思っています—最近何か良い作品はご覧になりましたか？

14 Nice weather we're having, isn't it?
今日はいい天気ですね。

15 Wouldn't you rather be talking about something else?
何かほかの件について話しませんか？

16 Can we please talk about something else?
ほかの件について話しませんか？

17 Let's not dwell on this unnecessarily.
この件に不必要に長く留まるのはやめましょう。

18 I don't think it's constructive to continue discussing this.
このまま議論を続けることが建設的とは思えません。

19 Actually, I'd rather talk about anything else but this.
実際のところ、この件以外のことに関して話したいと思います。

20 Please let's not persist with that.
しつこく主張するのはやめてください。

21 Why do you feel it's necessary to drone on about this?
これについてダラダラ話すことが、なぜ必要なのでしょうか？

22 Let's not beat a dead horse, okay?
死に馬に鞭を打つような無駄なことはやめましょう、いいですね？

23 Can't we put this topic aside?
この話題は脇に置いておきませんか？

Destructive 非建設的に

24 This isn't a subject that can be solved right now, so let's not even try.
この件はすぐには解決できないので、議論を始めるのはやめましょう。

25 Talking about this is like being up a river without a paddle—let's move on.
この件について話すことは、オールなしのボートで川を遡るようなものです―次に移りましょう。

26 We're talking in circles.
議論が堂々巡りしています。

27 Let's move on, please?
次に移りましょう、いいですか？

28 Please, let's stop talking about this.
どうかその件について話すのはやめてください。

29 If you keep hammering this incessantly, I just might scream.
あなたが絶えることなく話し続けるのであれば、私は大声で叫ぶしかありません。

13 | 疑念を示す

01 It seems to me that...
私には…のように思えるのですが。

02 I am not positive, but I think that...
はっきりしないのですが、私が思うに…

03 I am under the impression that...
私の印象では…なのですが。

04 I don't think it's common knowledge, but...
これは常識ではないと思いますが、しかし…

05 I have the feeling that...
…のような感じがします。

06 I'm having second thoughts about this.
今考え直しています。

07 Something doesn't add up here.
何かしっくりこないのです。

08 It seems that something is missing, but I can't quite put my finger on it.
何かが足りないように思うのですが、何が足りないのかは分かりません。

09 I am a bit skeptical about that.
この件に関しては多少懐疑的です。

10 I'm not sure I understand what you mean.
おっしゃることが分かっているかどうか、定かではありません。

11 I am not 100-percent positive about that.
この件に関して100% 賛成というわけではありません。

12 There's a lot about this that I'm not sure of.
不明な点が多々あります。

13 The numbers just don't add up here.
数字が合いません。

High Road	王道で	**14** **Where did you come up with that conclusion?** どうやってその結論を思いついたのですか？
		15 **I'm not confident in your sources.** あなたの情報源に確信が持てません。
		16 **I'm not trying to insult you; I just have my doubts.** 侮辱するつもりは毛頭ありませんが、しっくりきません。（疑いを持っています）
		17 **I won't belabor the point because I don't think it's true.** これは間違っていると思いますので、要点を長々と批判するつもりはありません。
		18 **I have my doubts about what was just said.** 今おっしゃったことに疑いを持っています。
		19 **Do you really know or just think you know?** 本当に知っていますか、あるいは知っていると思っているだけでしょうか？
		20 **I don't know what you're aiming at here.** あなたが何を目指しておられるのか分かりません。
		21 **There's no certainty to that.** それは確実な話ではありません。
		22 **I'm unsure about a lot of this.** 不明な点が多々あります。
		23 **I have a sinking feeling about this.** 嫌な予感がします。
		24 **Something is rotten in the State of Denmark.** 何かが怪しい気がします。（デンマークでは何かが腐っている。シェイクスピア『ハムレット』の引用）
		25 **Where did you get that idea?** いったいそのアイデアはどこから来たのですか？
Low Road	邪道で	**26** **I've seen clearer thinking from a kindergartner.** 幼稚園の子どものほうが、もっとうまく考えます。

27 Okay, whatever you say. [sarcasm]
わかりました、おっしゃる通りにしましょう。[皮肉]

28 After reviewing your [work/plan/operation/idea], it's a wonder you can even tie your shoes. [sarcasm]
あなたの仕事・計画・やり方・アイデアを見ると、ご自身の靴のひもすら結べるかどうか、と思ってしまいます。[皮肉]

14 | 仲たがいした人との関係を修復する

01 I've missed our relationship; I'm so glad we worked things out!
関係がなくなり残念に思っていました。修復できてとても嬉しいです！

02 It's so nice to be working together/hanging out with you again.
また一緒に仕事ができて・またお付き合いができて、とても嬉しいです。

03 It's good to restore our relationship and move forward.
関係が修復でき、前に進むことができてよかったです。

04 I am glad this relationship is back on track.
関係が元通りになり嬉しいです。

05 I know you're busy, so I understand if you missed my last e-mail.
お忙しくされていて、私のメールを見落とされたのだと思います。

06 I'm so glad we're back together. I've missed our conversations so much.
元に戻れて大変嬉しいです。あなたと話すことができず、とてもさみしかったです。

07 The both of us have been so busy; it's nice to be in touch again!
お互いにとても忙しかったですから。またコンタクトできて嬉しいです。

08 Let's take a few minutes to catch up now that I have you back on the line.
またこうして繋がることができたのですから、お互いの近況をちょっと報告し合いましょう。

09 I'm sorry we grew apart—it was never my intention.
疎遠になってしまいすみません—そんなつもりはありませんでした。

10 There's a lot of water under the bridge—can we agree to start over?
いろんなことがありました—もう一度やり直すことに同意していただけますか？

11 I'm happy to resolve any issues we've had in the past and look forward to the future.
過去の問題が解決でき、未来を楽しみにすることができて、とても嬉しいです。

12 Let's reconnect now that I have your phone number/e-mail address again.
電話番号・メールアドレスがあるのですから、また再度繋がりましょう。

13 Let's get together and discuss what we've missed out on.
お会いして、お互いに逃した情報を話し合いましょう。

14 I'm sorry, I guess I just got too busy/overwhelmed to deal with everything.
すみません、あまりに忙し過ぎて・あまりに疲れていて、すべてには手が回りませんでした。

15 I hope you can take a few minutes to catch me up on what you've been doing.
お会いできなかった間どのようなことをされていたかを、手短に教えてもらえると嬉しいです。

16 I feel that you and I somehow got lost in translation.
何かお互い、少しすれ違っていたように思います。

17 We should reconcile and talk things over.
和解して、いろいろ話しましょう。

18 Let's let bygones be bygones and start over.
過去は過去として、新たに始めましょう。

19 We need to get together again and talk things out.
またお会いして、徹底的に話しましょう。

20 You and I clearly fell through the cracks—it's hard to understand why.
私たち、お互いに無視し合ってましたね—なぜかは分かりませんが。

丁重に

21 **We should have never lost touch.**
連絡を絶やさなければよかったですね。

22 **I'm willing to let it go if you are.**
あなたがよければ、この件はこれで終わりにしましょう。

23 **The ball is in your court now.**
ボールはそちらのコートにあって、あなたが打ち返す番です。

24 **Let's just move on already!**
もう先へ進みましょう！

ぞんざいに

15 | 質問に答える

01 Did that answer your question?
ご質問の答えになっていますか？

02 Was that what you needed from me?
これが、あなたが私から聞きたかった答えですか？

03 Was that the kind of answer you were looking for?
あなたの探していた答えはこれですか？

04 Was that answer satisfying?
満足のいく答えですか？

05 I'm glad I was able to provide a good answer.
よい答えができて嬉しいです。

06 Did that make any sense?
これで筋が通っていますか？

07 Are you following my train of thought?
一連の思考の筋道をお分かりいただけますか？

08 Thanks for listening; that definitely wasn't a short answer!
決して短い答えではありませんでしたが、聞いてくださって有難うございます！

09 That was a long answer; thanks for your patience.
長い答えになってしまいましたが、我慢強くお聞きいただき感謝します。

10 If I wasn't clear enough, please let me know.
十分に明確ではなかった場合は、言ってください。

11 Were you able to grasp what I was saying?
私の言った意味が把握できたでしょうか？

12 If you didn't understand everything, I would be glad to go over it again.
全部は理解できなかったのであれば、喜んでもう一度ご説明いたします。

Courteous / 丁重に

13 **If you didn't catch all of that, I could go over it again.**
聞き取れないところがあったのであれば、もう一度お話しします。

14 **Hmm, someone wasn't listening!**
うーん、聞いていなかった人がいますね！

15 **What part of the answer didn't you get?**
答えのどの部分が分かりませんでしたか？

16 **Am I being clear or not?**
分かりやすいですか、分かりづらいですか？

17 **I can't help it if you didn't understand me.**
ご理解いただけなくとも、いたしかたありません。

18 **I don't have time for more details; time is money.**
詳細について説明する時間がありません。時は金なりです。

19 **That was my answer—take it or leave it.**
これが私の答えです—受け入れるか、無視するかはご自由です。

20 **That's all I'm saying—I really could care less what you think/how you interpret it.**
以上が私の言いたいことです—あなたがどう思おうと・どのように解釈しようと、気にしません。

Rude / ぞんざいに

16 | 質問に答えたくないとき

Diplomatic / 如才なく

01 There's probably no easy answer to that.
おそらく簡単な答えはないでしょう。

02 There is more than one way to look at that.
それについては様々な見方があります。

03 There's no straightforward answer to what you're asking.
あなたの質問に対して、ぴったりの答えはないでしょう。

04 Let me think on that and get back to you.
ちょっと考えさせてください、折り返し、お返事します。

05 I just don't know what to say.
どう言っていいのか分かりません。

06 Sorry, words escape me at the moment.
すみません、今は言葉が浮かびません。

07 I don't know enough to give a definitive answer either way.
どちらにしても、決定的な答えができるほど十分には知りません。

08 There isn't a simple answer to that question.
その質問に対して簡潔な答えはありません。

09 There are no simple explanations.
簡潔な説明はありません。

10 There's more than one school of thought, so I can't take a hard stand.
いくつもの考え方があるので、これだと断定することはできません。

11 This is a specialized topic and I'm certainly no expert.
これは専門的な話題で、私はその道の専門家でもありません。

12 I think that it's arguable.
それは議論の余地のあるところだと思います。

Rude / ぞんざいに

13 I don't have enough information to give you an intelligent/informed answer.
選び抜かれた・詳しい答えをするだけの十分な情報はありません。

14 I don't know all the details about that.
詳細をすべて知っているわけではありません。

15 That could take hours to explain.
おそらく説明するのに何時間もかかります。

16 I'm not sure, so perhaps it's best not to answer at this time.
よく分かりませんが、今はお答えしないのが一番だと思います。

17 You would need specialized knowledge to understand.
理解するには専門的な知識が必要です。

18 The answer is complicated, and honestly, you probably wouldn't understand anyway.
答えは複雑です。また正直申し上げて、どのみちお分かりいただけないと思います。

19 It's quite technical; I'm not sure you have the knowledge to understand.
とても専門的な内容です。理解するための知識をお持ちかどうか分かりませんが。

20 As much as I'd love to spend time on this issue, I can't.
問題に時間をかけたいのはやまやまですが、今はできません。

21 The question is so important, I want to take some time before answering.
その質問はとても重要ですので、お答えする前に十分時間をいただきたいと思います。

22 I'd rather not answer that right now.
今すぐにはお答えしないほうがいいと思います。

Diplomatic 如才なく

23 I don't wish to enter into this conversation.
この話に口を挟みたくありません。

24 I am not proficient enough to answer.
お答えできるほど熟練してはおりません。

25 This is outside my area of expertise.
これは私の専門外です。

26 I have a tough time talking about this—let's move on to something else.
この件に関してお話しするのは厳しいものがあります—他の話題に移りましょう。

27 I have no opinion on the matter.
その件に関して、特に意見はありません。

28 I make a rule never to speak about this with my friends/family/coworkers.
友人とは・家族とは・同僚とは、この件に関して話さないことにしています。

29 I prefer not to talk about it.
それに関してはお話ししたくありません。

30 I prefer to stay out of this conversation.
この件の会話には加わりたくありません。

31 If I had something to say about this, I certainly wouldn't say it here.
何か言うべきことがあったとしても、ここではお話しいたしません。

32 Your question isn't important in times like these.
このようなときに、あなたの質問は重要ではありません。

33 I don't want to insult your intelligence, but this isn't as simple as you think.
あなたの知性を侮辱するわけではありませんが、これはあなたが考えるほど単純ではありません。

Rude ぞんざいに

34 When you respect someone, you don't ask such questions.
他の人を尊敬する気持ちがあれば、そのような質問は出ないと思います。

35 I can neither confirm nor deny that.
肯定も否定もしません。

36 I decline to comment.
コメントはお断りいたします。

37 I plead the Fifth.
黙秘権を行使します。

38 You'll need to ask someone else.
誰かほかの人に聞いてください。

39 Beats me!
知らないね！

17 | もう一度言ってほしいと頼まれたとき

01 **No problem; I'd be happy to!**
いいですとも、喜んで！

02 **Gladly!**
喜んで！

03 **I'm sorry if I went too fast/spoke too softly—I'll gladly say it again.**
あまりに早口で・低い声で、話してすみません―喜んでもう一度申し上げます。

04 **Yes, the acoustics here are terrible. [joking]**
そうですよね。ここの音響はひどいですね。[冗談]

05 **I'd like to reiterate that...**
繰り返して申し上げますと…

06 **I'll say it once more.**
もう一度申し上げます。

07 **I'll say it a thousand times if you need me to.**
お望みであれば、1000回でも申し上げます。

08 **I don't mind repeating myself, as long as it makes things clearer.**
分かりやすくなるのであれば、何度でも申し上げます。

09 **I'm willing to elaborate if that's what you need.**
ご希望であれば、より詳しくご説明いたします。

10 **You obviously didn't hear me correctly—here's what I said.**
正しくお聞き取りいただけなかったようです―もう一度申し上げます。

11 **Does anyone have a microphone?**
マイクはありますか？

12 **Once more, with feeling.**
もう一度、気持ちを込めて申し上げます。

13 It isn't my habit to repeat myself, but obviously it's necessary.
いつもは繰り返し言わないのですが、どうしても今は必要ですね。

14 You can wait for the transcript if you want.
お望みであれば、のちほどスピーチ原稿を差し上げます。

15 I'll say it again, even though we're wasting everyone's time.
皆さんの貴重な時間を損ねることは承知していますが、もう一度言います。

16 I apologize; I don't have time to go over this again.
ごめんなさい。再度お話しする時間がありません。

17 Perhaps we can go into that again some other time/later/afterward.
そこはまた、別の機会に・後で・追って、お話しします。

18 Sorry, there's no time to repeat myself.
すみません、繰り返す時間はありません。

19 The acoustics here are so bad, I doubt that repeating myself will do any good.
ここの音響は本当に良くないですね。もう一度繰り返しても無駄ではないかと思います。

20 I'm afraid that restating my position will only serve to confuse the issue.
すみませんが、私の立場を繰り返し申し上げても、問題をややこしくするだけでしょう。

21 I won't say it again because it's only going to hold things up.
繰り返しても、物事の進行を妨げるだけでしょう。

22 Everything I just said was crystal clear and doesn't need repeating.
疑問の余地のないよう明確に申し上げましたので、繰り返す必要はないと思います。

Compliant 敬意をもって

23 **Doing that would be inconsiderate of the others.**
(繰り返すことは) 他の方々に対して配慮を欠いています。

24 **If you had listened in the first place, I wouldn't have to repeat myself.**
最初にしっかりお聞きになっていれば、繰り返す必要はなかったのですがね。

25 **You should have been listening more closely when I said it the first time.**
最初に申し上げたときに、よりしっかりお聞きになっていただくべきでした。

26 **I told you enough about what I think.**
私の考えは十分申し上げました。

27 **I'm only going to say this once more, so pay attention this time.**
あと一度しか言いませんから、今度はよく聞いてください。

28 **Saying it again is completely unnecessary.**
もう一度繰り返すことは、全く必要ありません。

29 **Please remove the wax from your ears.**
(よく聞こえるように) 耳の掃除をしてください。

30 **Repetition is my greatest ally, it seems. [sarcasm]**
どうやら繰り返すことが、私の一番の味方のようです。[皮肉]

CD 047 Rude ぞんざいに

PART 2

職場で

Great work is done by people who are not afraid to be great.
___Fernando Flores

偉大な仕事は、偉大になることを恐れない人によってなされる。
————フェルナンド・フローレス（チリの政治家、哲学者）

introduction

職場におけるよりよいコミュニケーションは、出世のための重要なファクターであり、これは職位の低い社員にとっても、マネージメントのポジションにある社員にとっても同じです。しかし出世階段をしっかり昇ろうとする人々にとってそれよりも重要なことは、リーダーとしての話し方を身につけることです。単純作業の労働者であっても、**CEO** や **CFO** といったレベルのボスであっても、次の5つのヒントを心に留めておくとよいでしょう。

1　ポジティブに話す

昇進を決める重要な指標の一つはポジティブであることです。物事を肯定的に捉える人は積極的であり、同僚にも好かれます。否定的なトピックであっても、ポジティブに話す人は解決策を見い出そうとします。対照的なのが、よくない現状のみを報告する人で、状況を改善するヒントや、うまく対処する工夫は話しません。大抵こんな人は、泣き言を言う人、あるいは、いつも不平を言う人と見られてしまい、当然リーダーシップを発揮する器と見られることはありません。

2　話す前に考える

事前に話すことを考えておくことは、欠くことのできない大切なポイントです。いきなり割り込んできて、急いで言いたいことをまくし立てたり、誰かを傷つけたり、機密事項をばらしてしまったり、という失敗をしでかさない人とはどんな人でしょうか？　話し出す前に自分の考えを練り上げていれば、後悔することを言ったり、意図しないことを口にしたりすることを避けることができるのです（政治家はこの間違いをいつも犯しています）。フランスにはこんな表現があります。「Tourner sept fois langue dans sa bouche. (話し出す前に、口の中で舌を7回まわしなさい)」。

3　一つの話を終わらせて次に移る

ビジネスのスピードがこれほど速くなってきたことは過去にはなく、私たちは議論を途中で切り上げたり、最後まで議論せずに物事を急いで終わらせてしまいがちです。少しペースを落とし、次の議論に移る前にまとめをしっかり行うと、思慮深く、計画的な人という印象を与えることができます。これは進行中の仕事に対して、仲間の参画意識を高める効果もあります。

4 スピーチの準備をする

　スピーチそのものよりも、その準備のほうが重要であることを、できるスピーカーはよく理解しています。事前にプレゼンテーションの要点を詰め、自分の考えを論理的な構成になるようグループ化します。要点をカードにまとめれば、分類したり入れ替えたりすることが簡単にできます。多くの人を前にしてのスピーチが苦手な人は（大抵の人がそうですが）、友達や家族を聴衆に見立ててリハーサルしてください。リハーサルをしっかり行うと、スピーチの内容、使う言葉、話すスピードなどが一つにまとまり、自信を持ってスピーチをすることができます。スピーチの出だしでは、これから行うスピーチの概要と、所要時間を伝えるようにしましょう。そして終わりは、常にポジティブな内容で締めくくってください。

5 リーダーらしく書く

　手紙であれ、電子メールであれ、ブログへの投稿であれ、自分の考えを文章にする場合は、常に次の3つのポイントを考慮しましょう。

　①誰に向かって書いているのかを忘れないようにしてください。明確に、しかし過度にかしこまることなく書きましょう。女王陛下に宛てて書くのでもない限り、とにかく読者と共通の認識の上に立って書いてください。そうすれば間違いありません。

　②文法や構文、表現技法などに注意を払ってください。例えば、身内に対しては、言葉を省略して書いてもいいかもしれませんが、正式な返答の場合は、言葉はその人のイメージを規定します。だからこそ、正しいスペリングで書かなければいけません。

　③形式は重要です。シンプルで分かりやすい文章にするために、箇条書きにしたり、フォントを変えたり、太字やイタリックやアンダーラインなどを、工夫して用いてください。

18 | 昇給を申し出る

Professional / プロフェッショナルらしく

01 Could you please take a moment and review my current level of compensation?
ちょっとお時間を使っていただいて、現在の私の給与を検討していただけませんか？

02 My salary hasn't changed since I began working here. Can we look into that?
ここで仕事を始めてから今まで、私の給与水準は変わっていません。検討していただけないでしょうか？

03 I've taken on additional responsibility but don't have the salary to show for it.
自分の業務範囲を超えた仕事も担ってきたのですが、それに見合う給与になっているとは思えません。

04 We're a much smaller team than when I started, so I need a raise to compensate.
起業時に比べて、今はより小さい組織なので（私の業務範囲が広くなったので）、給与を上げていただく必要があると思います。

05 I did some research and I'm not making anything close to my current market value.
ちょっと調べてみたのですが、現在の給与は、私の市場価値に満たない水準だと思います。

06 It's been more than a year since I had a salary review.
前の給与レビューから、すでに１年以上経過しています。

07 I think my work is the best it has ever been, but I'm still making the same salary.
仕事の水準はかつてないほど高くなっていると思うのですが、給与は以前と同じです。

08 Can we at least discuss a cost of living adjustment?
少なくとも生計費調整について、相談させていただけませんか？

Confrontational / けんか腰に

09 I can't think of any reason why I should be making the same money, can you?
なぜ以前と同様の給与なのか、理由が思いつかないのですが、どうでしょうか？

Professional | プロフェッショナルらしく

10 Let's discuss what needs to happen in order for me to get a raise.
給与を上げていただくために何が必要なのか話し合わせてください。

11 A raise won't get rid of the stress, but it sure will help me feel better.
昇給すればストレスがなくなるというわけではありませんが、気分が良くなります。

12 Everyone else is making more than I am; I hope we can discuss that.
皆、私より給与をもらっていますから、是非この件に関して話し合わせてください。

13 My salary needs an upward adjustment.
私の給与は、上方修正が必要だと思います。

14 I'm due a performance review and a raise. When can we make that happen?
業務評価と昇給に関してお話しすることになっていると思います。いつ実施していただけますか？

15 I don't think a raise would be unwarranted, given all I do here.
私の業績に対して、昇級は当然の結果だと思います。

16 I'm doing the work of two people. I simply need more money.
私は2人分の仕事をしています。もっとお金が欲しいと思っているだけです。

17 I think I deserve a raise, and I won't be happy unless you agree.
私は昇給に見合う仕事をしていると思いますし、ご同意いただかない限り、楽しい気分にはなれません。

18 If you are happy with my work, you need to show that to me in concrete terms.
私の仕事に満足なさっているのなら、具体的にそれを示してください。

Confrontational | けんか腰に

19 **I'm going to quit unless I get a salary adjustment.**
給与をご調整いただけないのであれば、辞めさせていただきます。

20 **Either give me a raise or I quit.**
昇給か辞表かのどちらかです。

21 **I can't take this job anymore; if I stay I'll need to make more money.**
もうこの仕事はやってられません。続けるのであれば、もっとお金が欲しいです。

22 **If I don't get a raise right now, I'm walking out.**
今すぐ昇給していただけないのであれば、出て行きます。

19 | 休みを願い出る

01 **If it's okay with you I'd like to discuss taking some time off.**
よろしければ、休暇に関してお話しさせていただきたいのですが。

02 **I was thinking of taking a vacation—do these dates work for you?**
休暇を頂戴しようと考えていました―この日はいかがでしょうか？

03 **Would this be a good time to request some time off?**
休暇を申請するのに、この時期は良いタイミングですか？

04 **What form do I need to fill out to request vacation?**
休暇申請はどの用紙に記入すればいいのですか？

05 **What form did you fill out when you went on vacation last month?**
先月休暇を取ったとき、どの用紙に記入しましたか？

06 **If there is a standard vacation request, I'd like to fill one out.**
定型の休暇申請用紙があれば、記入して提出したいのですが。

07 **I'm having a family emergency so I'll need to take a week off.**
急な家族の用事があり、1週間ほど休みます。

08 **A sudden emergency has come up; I need a week off to tend to it.**
緊急の事態なので、対処するために1週間ほど休みます。

09 **A family member has passed away and I need bereavement leave.**
家族に不幸があり、忌引休暇をいただきます。

10 **I'm going to have a baby so I'll need to request some maternity leave.**
子どもが生まれるので、出産休暇をいただきます。

Calm / 穏やかに

11 I've been having some medical problems so I will need to take some of my sick leave.
体調に支障がありますので、病気休暇をいただきます。

12 How long do I have to be on the job before I qualify for time off?
どのくらい在職していれば、休暇をもらえるのですか？

13 Because of all the stress lately I need to schedule a mental health break.
最近ストレスが多いので、メンタルヘルス休暇をいただきます。

14 I deserve a vacation. Can you tell me how to request one?
休暇くらいもらってもいいと思います。どのように申請すればいいのですか？

15 Most people who have worked here this long get time off; I think I should, too.
ここで、これくらいの期間にわたって勤務している人は、ほとんど休暇を取っています。私も休みます。

16 I don't see why I can't take some vacation time. I've earned it.
これだけ努力したのですから、なぜ休暇が取れないのか分かりません。

17 Just wanted to give you a heads-up: I'm going on vacation on these dates.
念のためお話しいたしますが、この期間にお休みさせていただきます。

18 The only question I have is, should I take one week off or two?
休めるのは、1週間ですか、2週間ですか？

19 I don't believe I'm at the level where I need to ask permission to take some time off.
休暇を取るのに、許可が必要な立場にあるとは思いません。

Confrontational / けんか腰に

20 I've earned some time off and I'm going to take it, no matter what you say.
私は休暇を取るに値する仕事をしていますし、あなたが何と言おうと休暇を取ります。

20 | 上司に「ノー」と言う

PART2 職場で

CD 053

Diplomatic / 如才なく

01 Okay, but which of these tasks do you want me to finish first?
了解しましたが、どの仕事を最初に仕上げればいいですか？

02 What about the other three tasks you've given me?
以前ご指示いただいた3つの仕事はどうしますか？

03 I wish I could help with this but I am tapped out at the moment.
お手伝いさせていただきたいのですが、今は手いっぱいです。

04 Is there someone else you could call on? I have so many plates in the air right now!
他の人に頼んでいただけますか？すでに手をつけている仕事がたくさんあるので。

05 If I say yes I'm afraid my work quality will suffer.
お引き受けすると、残念ながら仕事の質が落ちます。

06 I can't imagine taking on that much responsibility, sorry.
そのような多くの責任を引き受けることは考えられません、すみません。

07 I wish I had five heads but I'm only one person, I'm afraid.
脳が5つあればいいのですが、私は1人ですので、すみません。

08 I'm not sure that your request is entirely reasonable, given how hard we are all working.
私たち全員がどんなに忙しく作業しているか、それを考えれば、今のご指示は妥当ではないように思います。

09 Two people used to do that job—can one person really do it alone?
従来2人の人間がこの作業をしていました―本当に1人でできるでしょうか？

Blunt / ぶっきらぼうに

10 I'd be happy to, as long as my salary is adjusted to reflect the additional workload.
この追加の仕事量に見合う給与がもらえるのであれば、喜んでやらせていただきます。

Diplomatic — 如才なく

11 Can we look into hiring someone else/an assistant?
他の人・アシスタントを雇うことを検討してはどうですか？

12 I don't think it's right for you to pile all this work on me.
全部の仕事を私に押し付けるのは間違っていると思います。

13 It may be within your authority to ask me to do that, but I don't think it's a smart move.
おそらく私に仕事を指示することは、あなたの権限内のことだとは思いますが、賢いやり方だとは思いません。

14 That's not in my pay grade/part of my job description/something I am going to do.
それは、給与に見合わない・私の業務外の・私のすることではない、仕事です。

15 Maybe you should handle that yourself.
ご自分で対処なさったらいかがですか。

16 Do you think you could handle that much work?
あなた自身一人でこんなに多くの仕事ができますか？

17 You've exceeded your boundaries, and I'd like you to stop.
越権行為です、やめてください。

18 I am going to have to object to being treated like a robot/slave.
ロボット・奴隷のように私を扱うのは、やめてください。

19 This is completely out of bounds and I'm not going to stand for it.
これは完全に越権行為であり、私には耐えられません。

20 It's unfair to ask something of your employee that you're not willing to do yourself.
自分でやりたくないことを他の社員に頼むことは、フェアな行為ではありません。

Blunt — ぶっきらぼうに

PART2 職場で

如才なく / Diplomatic

21 I'd rather not.
むしろやりたくありません。

22 I am not your slave.
私はあなたの奴隷ではありません。

23 You're not the boss of me.
あなたは私の上司ではありません。

ぶっきらぼうに / Blunt

21 | 個人的な事柄を避ける

01 I'm up to my neck right now—can we talk later?
今忙しくて、忙しくて—後にしてもらっていいですか？

02 Can we meet after work to discuss this?
仕事が終わったら、お会いして話しませんか？

03 I'm sorry, but I'd just rather not talk about that.
すみませんが、その件はお話ししたくありません。

04 That's kind of a sore subject for me, sorry.
その件はお話ししたくありません、ごめんなさい。

05 That's just too upsetting/personal/close to home, sorry.
その件は、非常に困惑する・非常に個人的な・非常に身につまされることなので、すみません。

06 I'm just not comfortable talking about that at work.
仕事中にそのことを話すのは、正直気持ちのよいものではありません。

07 This is probably not the best time or place to talk about this.
おそらくこの件を話すべき時間でも場所でもないと思います。

08 Maybe we should talk about this later.
後でお話ししたほうがいいでしょう。

09 I think other people can overhear us—let's talk later.
ほかの人にも聞こえると思います—後で話しましょう。

10 I'm under the gun today. Maybe we can talk at lunch.
今日は仕事に追われっぱなしです。ランチのときに話しましょう。

11 I feel this is a bit too personal to talk about at work, don't you?
仕事中に話すには個人的過ぎる話題だと思われませんか？

12 That's simply too personal to address here.
それは個人的過ぎて、ここではお話しできませんね。

13 I don't feel like talking about that.
そのことについては話したくありません。

14 I prefer to keep my private life private.
プライベートなことに関して口外したくありません。

15 That's not something I like to discuss at work.
それは仕事中には話したくないことです。

16 Do I look like I have the time to talk about this?
それについて話す時間があるように見えますか？

17 I prefer to keep my work life and private life separate.
仕事とプライベートは分けるようにしています。

18 There's no reason to bring that up.
その件を持ち出すいわれはありません。

19 When did I ever give you the impression that it was okay to talk about this?
私がいつ、その件について話してもいいという印象を与えてしまったのでしょうか？

20 Wow, this is so not appropriate.
驚きましたね、全く場違いな話ですね。

21 Sure, you're the person I would want to discuss this with. [sarcasm]
ええ、あなたこそ、この件を一番一緒に話したい人です。［皮肉］

22 | 個人的なこと、気まずいことを話す

Polite / 丁寧に

01 May I tell you something in confidence?
ご内聞にいただきたい話なのですが。

02 I don't know who else to turn to—can we talk for a moment?
誰に相談したらいいか分からないのですが―ちょっとお話ししてもいいですか?

03 May I close the door? I have something personal I need to share.
ドアを閉めてもいいですか?個人的なことをお話ししたいのですが。

04 I've got something to share that's fairly private. Do you have a moment?
とても個人的なことをお話ししたいのですが。お時間はございますか?

05 I really need to talk to you about something.
どうしてもご相談したいことがあるのですが。

06 This is most unpleasant, but I really appreciate your tact and discretion.
大変恐縮ですが、あなたならどう考えて、どう対処するか、教えていただけると有難いのですが。

07 Admittedly this is kind of personal, but I think you can handle it.
確かに個人的な話なのですが、あなたなら何とかしてくれるのではと思いまして。

08 I know this is embarrassing, but I know I can trust you.
ご迷惑とは思いますが、あなたなら信用できるものですから。

09 Something's come up that I need to talk to you about.
あなたにお話ししなければならないことがあります。

10 Ugh, I need to confide in you for a moment.
仕方ないですね、今はあなたを信用してお話ししましょう。

Blunt / ぶっきらぼうに

PART2 職場で

Polite / 丁寧に

11 This may be a little personal, but I consider you a friend.
これはおそらく多少個人的なことだと思いますが、あなたは友人ですので。

12 I've never needed to talk this badly. Do you have a minute?
この件に関して、これほどお話ししたかったことはありません。少しお時間はありますか？

13 You're the only person here who will understand.
お分かりいただける人は、あなたしかいません。

14 Please keep this under your hat when I tell you.
お話しすることは、ご内密に願います。

15 I'm going to tell you something but you need to keep it a secret.
今からお話ししますが、秘密にしてください。

16 There's never a good time or place to discuss this, so I'm just going to say it.
この件をお話しするのにベストな時間や場所があるわけではないので、今からお話しします。

17 What I tell you here dies here, okay?
私がお話しすることは、この場限りです、いいですね？

18 This is pretty embarrassing—you sure you wanna hear about it?
かなり厄介なことなのですが―お聞きいただいていいですよね？

19 I know this is inappropriate, but...
もうたくさん、と思っていただきたくはないのですが、しかし…

20 I hope this isn't TMI, but...
どうでもいい話かもしれないですが、…

21 Yuck, wait until you hear this.
今から言うことを聞いたら、きっと驚かれるとは思うのですが。

Blunt / ぶっきらぼうに

23 | ほかの人の自信を後押しする

CD 060

Effusive / 感情的に

01 You're so good at what you do, I should be fearful of losing my job!
やることがうまいですね。私の仕事がなくなるかと心配です！

02 How did I ever get anything done before you arrived?
あなたが来る前は、いったい私はどうやって仕事をこなしていたのでしょうね？

03 Is there nothing you can't do?
できないことは、何もないんじゃないですか？

04 I know I never have to worry about your work.
あなたの仕事に関して、私は何も心配する必要はありませんね。

05 I have complete confidence in your abilities.
あなたの能力に対しては、全幅の信頼を置いています。

06 You were born to do this.
あなたはこれをやるために生まれてきたんですよ。

07 You're the perfect person for this job.
あなたはこの仕事にぴったりです。

08 I know you can do it.
あなたならできます。

09 You are among the best workers here.
あなたはここで一番実力がある人の一人です。

10 Your ability to get things done is admirable.
物事をやり遂げるあなたの力は、称賛に値します。

11 Everyone knows how capable you are.
あなたがどんなに有能な人かは皆が知っています。

12 You have a real talent for this.
あなたならこの仕事にうってつけです。

13 You can make this your best work ever.
この仕事があなたのベストになります。

Measured / 抑えて

14 Everyone knows how good you are.
皆、あなたがどんなに仕事がデキるか知っています。

15 You can do no wrong here.
何をやっても正しいです。

16 You haven't disappointed me yet.
今まで、あなたの仕事でがっかりしたことはありません。

17 When have you ever dropped the ball?
飛んできたボールは、落としたことがないでしょう?

18 You're my best choice at the moment.
今のところ、あなたが私のベストチョイスです。

19 I know you can move mountains if you put your mind to it.
その気になれば、山でも動かせるでしょう。

20 I know you're equal to the task.
あなたの実力なら、そのタスクにうまく対処できます。

21 This is the time to really make it count.
勝ちに行くときは今です。

22 Here's your chance to show us what you're made of.
あなたの本当の力を皆に見せるときです。

23 You've done more challenging tasks in the past.
過去にはもっと難しいタスクをこなしたことがあるでしょう。

24 Don't worry about it—you know you're good.
心配ご無用—できることは、自分が一番よく知っているでしょう。

25 People have told me you're good, so don't let them down.
皆、あなたは素晴らしいと言っています。周りをがっかりさせないように。

26 What's important is that you believe in yourself.
自分自身を信じることが大切です。

24 | 二人きりで話す

Polite / 丁寧に

01 I'd rather discuss this in private if that's okay with you.
よろしければ、二人だけでこの件をお話ししたいのですが。

02 May I talk to you in private, please?
二人だけでお話ししてよろしいでしょうか?

03 I think it would be best to discuss this in private.
二人だけでお話しするのがいいと思うのですが。

04 I would rather not risk anyone overhearing this.
誰かが立ち聞きするのは避けたいと思います。

05 I need to see you privately for a minute.
少しだけ二人だけでお会いしたいのですが。

06 Can we go somewhere private to discuss this?
二人だけでお話しできるところに行きませんか?

07 I simply must talk to you alone.
二人きりでお話ししたいだけです。

08 I'm afraid this is a private matter.
すみませんが、これは個人的なことです。

09 I have a confidential matter to discuss.
ご内聞にしていただきたいことがあります。

10 Let's go somewhere quieter/more private.
どこか、静かな・二人だけになれる、ところに行きましょう。

11 Can you take a break and come with me?
ひと休みして、ちょっと一緒に来てくれませんか?

12 Can we find a quiet spot for a discussion?
静かなところを見つけてお話ししませんか?

13 I believe this kind of discussion requires a bit more privacy.
このような類の話は、二人だけでお話ししたほうがいいと思います。

Blunt / ぶっきらぼうに

14 This is a two-person conference; let's go elsewhere.
二人だけの会議です。どこかに行きましょう。

15 Please follow me to my office.
私の部屋まで、ついて来てください。

16 Walk with me, please.
一緒に来てください。

17 This isn't an open forum; this is between you and me.
これは公開での討論ではなく、あなたと私だけで話すことです。

18 I won't discuss this in front of anyone else.
他の人がいる前では、お話ししたくありません。

19 I won't speak of the matter any further unless we're alone.
二人だけにならない限り、これ以上はお話ししません。

25 集中して聞いてほしいとき

01 I'm sorry to interrupt, but may I have your attention please?
お邪魔してすみません、ちょっとよろしいですか？

02 I hate to be a bother—what do you think of this?
お邪魔して恐縮です―これをどう思われますか？

03 May I bother you for a few minutes with my inquiry?
お尋ねしたいことがあるのですが、ちょっとお邪魔してもよろしいでしょうか？

04 I have a very short question for you.
ちょっとだけ質問があるのですが。

05 I must go over some crucial points with you.
いくつかの重要な点について、あなたとしっかり確認しなければならないと思います。

06 Do I have your full attention?
集中してお聞きいただいていますか？

07 Can you hear me okay?
しっかり聞こえますか？

08 I'm not sure if I have your full attention.
集中していただいているかどうか、分かりませんが。

09 This is important—please pay attention.
これは重要です―集中してください。

10 I'm explaining important things to you.
とても重要なことを説明しています。

11 I think you'll hear me better if you pay attention.
注意してしっかり聞いていただければ、お分かりいただけると思います。

12 You don't seem very attentive to what I'm saying.
私の話していることを、よく聞いてもらっていないように思います。

13 You're clearly not focusing on what I'm saying.
私の話していることを全く聞いていませんね。

職場で

Polite / 丁寧に

14 I'm explaining things to you and you don't seem to be listening.
私が説明しているのに、あなたは全く聞いていませんね。

15 I'm sorry, but you seem a little distracted.
すみませんが、気が散っているようにお見受けします。

16 I feel like I'm not being heard.
しっかり聞いてもらっていないように思えます。

17 Am I not getting through to you?
お分かりになっていただいていますか？

18 I'm not sure you're listening attentively to me.
しっかり聞いていただいているか不安です。

19 Listen up—what I have to say is very important.
聞いてください―とても重要なことを言わなければなりません。

20 Will you please pay attention for a minute?
ちょっとでいいので、聞いていただけませんか？

21 Are you at all interested in what I'm saying?
私の話に、しっかり興味を持ってもらっていますか？

22 Do I always have to ask you to listen to me?
しっかり聞いてくださいと、いつもお願いしないといけないのでしょうか？

23 Are you even aware that I'm talking to you?
あなたに向かって話しているのがお分かりでしょうか？

24 I feel like I'm talking to myself, here.
まるで独りで話しているように感じます。

25 I have the feeling that you're not very interested.
私の話に関心がないように感じます。

26 Are you even a tiny bit interested in what I'm saying?
私の話に少しでも関心がありますか？

Blunt / ぶっきらぼうに

Polite / 丁寧に

27 Am I speaking to the wall, here?
私はここで壁に向かって話しているのでしょうか？

28 Please look at me when I'm talking to you.
話をしているときは、こちらを見てください。

29 Let me know when you can give me five minutes of your time.
5分間だけ、お時間がいただけるときを教えてください。

30 Talking to you is a waste of my time.
あなたと話すのは時間の無駄です。

31 I could communicate better with a rock.
岩と話すほうが楽です。

32 Cleaning your ears might help. [sarcasm]
耳掃除をしたほうがいいですよ。[皮肉]

33 Hello, is anybody home? [sarcasm]
こんにちは、誰かいますか？ [皮肉]

Blunt / ぶっきらぼうに

26 | 仕事を割り振る

Polite / 丁寧に

01 Would you be so kind as to...
申し訳ありませんが、…してもらえますか？

02 Do you want to do it, or would you like me to?
自分でやりたいですか、それとも私がやりましょうか？

03 Would you like to step in, here?
あなたも参加したいですか？

04 I have an opportunity you may be interested in.
おそらくあなたが関心のある分野について、お話があるのですが。

05 Is there any way you could take care of this?
この件を担当していただくことはできますか？

06 Are you open to the idea of additional work?
追加の業務について、お聞きいただけますか？

07 Will you please help me out?
手を貸してもらえないでしょうか？

08 Would you take a few seconds to...
…するのに少しお時間をいただけませんか？

09 Are you available to take on something new?
新しい業務をやってもらう時間はありますか？

10 Would you please handle this for me?
この件をやってもらえませんか？

11 Would you do me a favor, please?
お願いがあるのですが。

12 I have something to ask of you that shouldn't take too long.
お願いしたいことがあるのですが、お時間はとらせません。

Blunt / ぶっきらぼうに

13 Would you look into this new assignment, please?
この新しい仕事を詳しく調べてもらえますか？

Polite / 丁寧に

14 Would you mind...
できれば…してもらえますか？

15 This won't take but a moment.
お手間は取らせません。

16 It would mean a lot to me if you took this on.
この仕事を引き受けてもらえると、とても有難いのですが。

17 I have a heavy responsibility to delegate.
部下にどのような仕事をやってもらうのかを決めるのは、責任の重い仕事です。

18 Here is one more task to add to your list.
もう一つ、あなたの仕事リストに追加したいのですが。

19 Care to take a crack at it?
試しにやってみたくはないですか？

20 I'll pay you a bonus if...
もし…なら、ボーナスをお支払いします。

21 If you can handle this, there's a little extra money/a promotion in it for you.
もしこれをやってくれたら、追加の給与・昇進を用意します。

22 The following needs to be done by Friday.
これを金曜日までにやってほしいのですが。

23 Can I trust you to...
信用して…をお願いしていいですか？

24 We need to have this done by Friday.
金曜日までに仕上げなければなりません。

25 I expect you to have this finished by Friday.
あなたなら、これを金曜までに終わらせられると、期待しています。

26 Do I always have to ask you to do things that need to be done?
やるべき仕事を仕上げるには、いつもあなたにお願いしなければならないのですか？

Blunt / ぶっきらぼうに

27 I suggest you take on more responsibility here.
もう少し責任感を持ってもらえませんか。

28 Do you mean that you haven't done it already?
まだ終わっていないということですか？

29 Wasn't this due yesterday?
昨日が締め切りの仕事だったでしょう？

30 I'm waiting... [sarcasm]
待っているのですが…。[皮肉]

31 I'm not asking you to do this, I'm telling you.
仕事をお願いしているのではなく、やってくれと言っているんです。

32 I guess there's always the option of feeling the door hitting you on the way out.
あなたを叩き出す、という選択肢もあると思うんですよね。

27 指示のための会議を招集する

Professional / プロフェッショナルらしく

01 Would everyone be so kind as to take their seats?
皆さん、ご着席いただけますか？

02 I've gathered everyone here to talk about something very critical.
本日はとても重要な事項を話すために、この会議を招集しました。

03 Please, everyone take your seats.
どうぞ席についてください。

04 Let's get down to business, shall we?
それでは仕事に取りかかりましょうか？

05 Let's go over the purpose for our meeting today.
今日の会議の目的をもう一度確認しましょう。

06 Let's open this up for debate.
それでは議論を始めましょう。

07 Here's our order of business for today.
これが今日取り上げるべき事項です。

08 Our agenda for today's meeting is…
今日の会議のアジェンダは…です。

09 Let me call this meeting to order.
それでは会議を始めましょう。

10 The reason we're here today is…
私たちがここに集まった理由は…です。

11 Let's begin this by first outlining our order of business.
まずは、話し合うべき事項の概要をつかむところから始めましょう。

12 If you have your notepads ready, let's get started.
メモの準備がよければ、早速始めましょう。

Casual / カジュアルに

Professional / プロフェッショナルらしく

13 It's time to start, so please give me your undivided attention.
始める時刻です。全神経を集中してください。

14 The topic(s) for this session is(are)...
今日のセッションのトピックは…です。

15 Let's dig right into the subject of today's meeting.
すぐに今日の会議の主題に入りましょう。

16 I'd be happy if we could tackle the complex issues first.
最初に複雑な問題から取り組むといいと思います。

17 Let's start by going over what we want to accomplish today.
今日の会議で何を達成したいのか、再確認することから始めましょう。

18 I think we all know why we're here today.
なぜ私たちがここに集まっているのか、皆さんご存知のことと思います。

19 We can't begin without first knowing what we hope to accomplish.
何を達成したいのかも分からないままで、会議を始めることはできません。

20 If we can't get started, we'll have to do it all over again tomorrow.
今日会議を始めなければ、明日また同じことを繰り返さなければなりません。

21 The longer we put this off, the longer we'll have to stay here.
先延ばしにすればするほど、議論はこのまま進まなくなります。

22 If I have to light a fire under you to get this started, I will. [joking]
お尻に火がつかないと始められないのなら、すぐに点火しますよ。[冗談]

Casual / カジュアルに

23 Let's get a move on and start the meeting already.
グズグズしていないで、さっさと会議を始めましょう。

プロフェッショナルらしく

24 Can we just hold this meeting, please?
すぐに会議を始めませんか？

25 Can we just begin already?
とにかく始めましょうか？

26 Time is money, people!
時は金なりです、皆さん！

27 I'm growing old waiting for you guys to settle down.
皆さんが落ち着くのを待っていたら、年寄りになってしまいます。

28 I'd like to begin sometime during this century. [sarcasm]
今世紀中には開始したいと思います。[皮肉]

カジュアルに

28 | 会議を終わる

01 With your concurrence, I think we're at a good point to adjourn for the day.
賛同を得ましたので、今日はこれで終わります。

02 Thank you for coming and being a part of this important meeting.
この重要な会議に、ご来場ご参加いただき、有難うございます。

03 I think we can all feel good about what we accomplished today.
今日の成果には、皆満足していると思います。

04 It seems that we've covered everything we needed to—let's call it a day, shall we?
必要な事項はすべて議論したようですね—今日はこれで終わりにしましょう。

05 Let's come back to this when we reconvene next week/month/year.
来週・来月・来年、再度集まるときに、この議論をしましょう。

06 Let's disperse and think about everything we've talked about.
一旦終わりにして、議論したことを各々考えましょう。

07 Congratulations on a job well done, everyone.
よくできたと思います、お疲れ様でした。

08 Everything turned out quite well, I think.
すべて良い方向に進んでいると思います。

09 I think we've done enough for today, don't you?
今日は十分よくやったと思いませんか？

10 Let's table the other items until next time.
他の項目は次回に持ち越しましょう。

11 We aren't getting anywhere, so let's stop for today.
まだ議論の余地があるので、今日のところはやめにしましょう。

Professional / プロフェッショナルらしく

12 **If this goes on much longer, we are all just going to mentally check out.**
これ以上続けると、皆精神的に参ってしまうでしょう。

13 **These talks are no longer accomplishing anything.**
このまま続けても、何も成果が出ないでしょう。

14 **Let's call it quits for today, okay?**
今日はこれで終わりにしませんか？

15 **Let's give it a rest.**
もうやめましょう。

16 **I'm done with this meeting.**
この会議でやるべきことはやりました。

17 **This meeting is so over!**
この会議は終わりです！

18 **I'm out of here!**
もう終わるよ！

19 **I feel happy hour coming on—who's with me?**
そろそろハッピーアワーの時間だろう——一緒に行く人は？

20 **It must be 5 o'clock somewhere!**
そろそろ、どこかは5時だよ！

Unmannered / 作法ぬきで

29 | 議論を脱線から戻す

01 I always want to encourage new ideas, but let's stay on track.
新しいアイデアはいつも大歓迎ですが、今はこの議論の流れを踏襲しましょう。

02 That's very true, but let's get back to where we were.
おっしゃる通りですが、議論の原点に戻りましょう。

03 I hear what you're saying, but for now let's keep on topic.
ご意見は聞いていますが、今はこのトピックに集中しましょう。

04 I like the way you think, but let's continue where we left off.
考え方はいいと思いますが、少し前の議論に戻りましょう。

05 Let's stay focused on the task at hand.
当面の課題に議論を集中しましょう。

06 I think we're getting a little off track here.
議論のポイントが少しズレてきていると思います。

07 As you may recall, the purpose of this meeting was…
ご承知のように、今回の議論の目的は…です。

08 We have to remember that the purpose of this meeting is…
思い出してください、今日の議論の目的は…です。

09 The essence of the topic is still…
今回の議論の本質は…です。

10 I think we should take a few steps back and finish the original discussion.
少し前の話に戻って、当初の議論を終わらせましょう。

11 Let's stay on track for now.
今はこのまま議論を続けましょう。

12 It's a shame if we let the essentials slip through our fingers.
議論の本質的なポイントを逃してしまうのは残念です。

13 Let's not turn onto a dead end.
不毛な議論をするのはやめましょう。

14 Let's not get lost in trivialities/tangents.
些細なこと・無関係なことに関わって、議論を迷走させないようにしましょう。

15 We're not staying focused here.
議論の焦点が定まっていません。

16 We would all benefit if we stayed focused.
論点の定まった議論を続けるほうが、皆のためになると思います。

17 Let's stay on point, please.
議論のポイントからズレないでください。

18 I think we're getting distracted from the real issue.
本来の問題からズレた議論をしていると思います。

19 We don't need to take these talks in a different direction.
この件に関して、視点を変えて議論する必要はありません。

20 We're moving further and further off track.
どんどん進み過ぎてしまって、論点を遥かに逸脱しています。

21 We've managed to completely go off topic; let's start over.
完全に論点がずれてしまっていますから、最初からもう一度やり直しましょう。

22 That is a whole topic unto itself.
それは別の問題です。

23 We are completely missing the point now.
完全に、的を射ない議論をしています。

Positive / サポート的に

24 **I'm tired of all the tangents.**
本筋と関係ない議論にはうんざりです。

25 **That is totally besides the point!**
それは全く別の問題です！

30 方策や解決策を提案する

Passive / 控えめに

01 This may not work, but what if we did X?
うまくいかないかもしれませんが、X をやったらどうなるでしょうか？

02 I could be way off, but what if we tried X?
考え違いかもしれないけど、X をやったらどうなるでしょうか？

03 If I may, I'd like to propose that we do X.
もしよろしければ、X を行うことを提案したく思います。

04 I'd like to get your thoughts on this proposal.
この提案に関して、あなたの考えを聞かせてください。

05 What would the group think if we did X?
もし我々が X をやるとしたら、グループの他のメンバーはどう思うでしょう？

06 Can we discuss the pros and cons of X?
X の良い点と悪い点を議論しませんか？

07 I've got a possible solution that may or may not fit the bill.
目的にかなうかどうか分かりませんが、実行できそうな解決策はあります。

08 I may have an answer to that question.
おそらく、これがその質問への答えだと思います。

09 We need to explore all avenues, but here's one idea…
すべての可能性を検討してみないといけませんが、私に一つアイデアがあります。それは…

10 There's more than one way to skin a cat; here's what I think…
解決策はいくつもありますが、私が思うに…

11 There are several possible answers to this; here is but one example…
可能な答えはいくつかありますが、一つの例が…

12 Maybe we can look at the problem from a different perspective.
問題を違った視点から見てみることもできると思います。

Assertive / 堂々と

Passive / 控えめに

13 Experts seem to think that...
専門家はきっと、…と考えるでしょう。

14 Other people have done X in this situation.
同じ状況で、X を行った人たちがいます。

15 I've got a way to move forward; let me explain.
やり方が一つあります。説明させてください。

16 I've seen problems like this before, and I suggest...
以前、同様の問題を見たことがあります。私が思うに…

17 I have arrived at what I believe is a workable solution.
きっとうまくいくと思う解決策があります。

18 We need to find a solution to this mess; here is what I propose...
このもつれた状況の解決策を見つけなければなりません。私の提案は…

19 After much consideration, I believe the best course of action would be to...
じっくり考えてみたのですが、まず取るべき行動は…

20 I think we need to focus on the next logical step, which is...
次に打つべき方策に絞って考えなければなりません。それは…

21 I submit that the following will be necessary.
以下のことが必要だと思います。

22 I think the time has come for us to do X.
X を行う局面に来ていると思います。

23 There's no way we can avoid doing X.
X を行うことを、避けるわけにはいきません。

24 Here's what we're going to do.
これこそが私たちがやるべきことです。

Assertive / 堂々と

25 **This is the only possible solution and that's final.**
これが唯一可能な解決策であり、最終決定です。

26 **I haven't heard a better solution yet, have you?**
これ以上の解決策は聞いたことがないのですが、どうですか？

27 **There is no alternative but to do this.**
これをやるしか選択肢はありません。

28 **Either you're with me or you're against me.**
私に賛成するか、反対するかのどちらかです。

31 締切を延ばす

01 I wish I could address this, but I'm completely tapped out right now.
この仕事に手が着けられればいいのですが、時間が全くパンパンに詰まってます。

02 I'm swamped right now—can we revisit this some other time?
仕事でいっぱいいっぱいで―また別のときにやってもいいでしょうか？

03 I'd be delighted to set aside time to go over this next week/month/year.
来週・来月・来年、しっかり時間をとって、やらせていただければ有難いです。

04 It will be my pleasure to get back to you about that on Friday.
金曜日であれば、喜んでやらせていただきます。

05 If you can hold off for a bit, I'll take care of it on Friday.
もう少し延ばしていただけるなら、金曜日に手を打たせていただきます。

06 I'll get back to it when I'm free I promise.
手が空いたら、必ずこの仕事に戻ります。

07 Sorry to put you off, but I just can't give this task the time it deserves right now.
お待たせしてすみませんが、この仕事に必要な時間を、今は割くことができません。

08 I can't prioritize this right now. Is it okay that I take care of it some other time?
今はこれを優先できません。また別の機会にやらせてもらってもいいですか？

09 Unfortunately, I'll have to delay.
あいにく時間通りにはできません。

10 I may have time to work on this later but I can't promise anything.
おそらく少し後であれば時間が作れると思いますが、今は何もお約束できません。

Civil / 礼儀正しく

11 I understand this is very important, but it's not my priority right now.
この仕事がとても重要なのは分かっていますが、今現在私の最優先事項ではありません。

12 You'll have to come back some other time.
また別の機会にお越しください。

13 Why don't we let that go for now?
この件は、今は保留にしてはいかがですか？

14 We'll deal with that some other time.
これは、また別の機会にしましょう。

15 This will be dealt with when I have the time.
時間ができたら、取りかかります。

16 Well, you don't manage my calendar, do you?
あの〜、あなたが私のスケジュール管理をしているわけではありませんよね？

17 I'm not dealing with your request today, but I'll let you know if and when I do.
本日はご要望にお応えできませんが、もしできるときには追ってお知らせします。

18 You're being unreasonable—now is not the time.
無理をおっしゃらないでください―今はダメです。

19 I don't even have a second to entertain your request.
ご要望にお応えする時間は1秒もありません。

20 Ask me next week if I care.
知りませんよ、来週にでも聞いてください。

21 Yeah, that's gonna happen! [sarcasm]
ええ、もしかしたら、できるかも！［皮肉］

Blunt / ぶっきらぼうに

32 | 話すのを避ける

01 **I'd be delighted to set aside time for this on Monday.**
喜んで来週月曜日に時間をとらせていただきます。

02 **I would prefer if we discussed this at a later date.**
後日、お話しさせていただきたく思います。

03 **We'll cover more about this at a later time.**
後でより詳しくお話しさせていただきます。

04 **Let's push this discussion until Tuesday.**
火曜日まで、この議論は一旦持ち越しましょう。

05 **Let me get up to speed and we'll chat tomorrow.**
状況をよく把握したいので、その上で明日お話ししましょう。

06 **The question/issue deserves some serious thought—let's revisit this when we know more.**
その質問・問題は真剣に考える必要があります—よく理解した上でもう一度議論しましょう。

07 **I'd be more comfortable if we could talk when I'm less distracted/busy/tired—how about on Wednesday?**
もう少し、邪魔が入らないとき・忙しくないとき・疲れていないときに、この件に関してお話しできると有難いですが—例えば水曜日などはいかがですか？

08 **I'll send you an e-mail and address that in greater depth.**
メールにて詳細をお送りします。

09 **I'm going to need to think about this and get back to you.**
まず私自身が考える必要があります。その上でお答えします。

10 **I need to go over this in my head first.**
まずは私が考える必要があります。

11 **I will need to learn more about the topic before we talk.**
お話しする前に、このトピックについてもう少し学ぶ必要があります。

丁寧に / Polite

12 We'll talk about it when it becomes necessary, but not before.
必要があればお話ししましょう。ですが今ではありません。

13 Let me get back to you on that.
後でご連絡します。

14 Let me think about it.
考えさせてください。

15 Let's push this discussion to next Monday.
来週月曜日に、この件はお話ししましょう。

16 I don't think this is the best time to talk about this.
今話すのがいいとは思いません。

17 I have nothing to add right now—we'll talk about it again, I'm sure.
今は何も付け加えることはありません―もう一度、必ずお話ししましょう。

18 We'll have to talk some other time.
また別の機会に話しましょう。

19 Let's revisit this some other time, okay?
また別の機会に、きっとこの件は話しましょうね。

20 Do we have to talk about this right now?
今話さないといけないのでしょうか？

21 Continuing this conversation today is out of the question.
今日この話を続けることは、とても不可能です。

22 I said we'd do it another time.
別の機会にしてほしいと、しっかり申し上げました。

23 I can't handle this right now.
今は、この件には対応できません。

ぞんざいに / Rude

Polite / 丁寧に

24 There's no way I can listen to you now.
今お話を聞くことは、とてもできません。

25 You're crazy if you think I'm going to talk to you about this now.
今あなたが、この件を私と話せるとお考えでしたら、どうかしています。

26 Stop bothering me—I'll talk about it when I'm good and ready.
これ以上まとわりつかないでください―しっかり準備ができたときにお話しします。

Rude / ぞんざいに

33 | 意思決定を延ばす

01 Only fools rush in—let's think on this some more.
愚か者だけが躊躇せず飛び込んでいくものです―もう少し考えましょう。

02 Let's take our time to find the right solution rather than rush to a mistake.
急いで間違うより、時間をかけて正しい解決策を探りましょう。

03 Let's take some time and think about what we want to accomplish here.
少し時間をかけて、今何を達成したいのかを考えましょう。

04 We don't need to make a decision right this very moment.
今ここで、急いで決めなくてもいいと思います。

05 Let's sleep on it first, okay?
まずは一晩よく考えませんか？

06 I think we should get some distance on this before we decide.
決める前に、ちょっと距離をおいて考えてみたほうがいいと思います。

07 Let's table this until later.
後回しにしませんか。

08 I think we can make this judgment later.
決断は後でもいいと思います。

09 I'll definitely think about it and get back to you.
しっかり考えてお返事します。

10 When do you need an answer to this?
いつまでに答えが必要ですか？

11 Let me get back to you with my verdict.
決断したことは追ってお知らせします。

12 We can come back to this issue in the future.
もう少し経ってから、この問題に戻ってきましょう。

Polite / 丁寧に

13 This decision may require further analysis.
決めるためには、さらに検討が必要だと思います。

14 Let's think about what we really want and get back to it later.
一番求められている結論は何か考えてから、この問題に戻りましょう。

15 We're not making any progress—let's talk about it later.
何も進んでいません―また後で話しましょう。

16 We should work on this when the dust has settled.
ゴタゴタが収まってから、この問題に取りかかったほうがいいでしょう。

17 I don't think now is the time to discuss this.
今は議論するときではないと思います。

18 I think we could all benefit from a cooling off period.
頭を冷やす時間をとったほうが、皆にとっていいと思います。

19 We will discuss this later.
後で議論しましょう。

20 We'll talk about it when the time comes.
そのときが来たら議論しましょう。

21 I will not bow to the tyranny of the urgent.
急いで決断するつもりはありません。

22 I'm not going to give my decision right now, and that's final!
今、決断をしたくはありません。それが私の決断です！

Rude / ぞんざいに

34 | 人を団結させる

01 Only by working with one another will we succeed.
お互いが協働してこそ、成し遂げることができます。

02 We'll be unstoppable if we have a common vision.
共通のビジョンがあれば、誰も私たちを止められません。

03 We can overcome any obstacle if we work together toward a common goal.
同じゴールに向かって努力すれば、どんな障害も乗り越えられます。

04 Raise your hand if you're a team player!
チームプレーのできる人は手を挙げて！

05 Once we agree, nothing will stop us.
私たちが団結すれば、妨げるものは何もありません。

06 We're all happiest when our goals are one and the same.
同じ一つのゴールを目指す限り、私たちは最高の幸せ者です。

07 Tomorrow's page—no one can write it alone.
明日のページは一人では書けません。

08 Together, we are stronger than we are as individuals.
一人より、一緒のほうが強くなれます。

09 A strand of three [or 20, or 200] is not easily broken.
3本（20本で・200本で）編んだ糸は、簡単には切れません。

10 The bonds that hold us are stronger than the forces that separate us.
私たちを繋ぐ絆は、離そうとする力より強いと思います。

11 How we deal with these changes now will make or break our future.
今この変化への対応が、私たちの未来を創りも壊しもします。

12 Let's work together and move forward.
一緒にやりましょう、そして前に進みましょう。

Inspiring / 感激させて

13 I think we can all agree that...
私たちは皆、…に賛同しています。

14 Together, we can take the high road and succeed.
一緒に、王道を進んで成功しましょう。

15 I'd like to see you join with me in solving this issue.
是非あなたも仲間に加わって、この問題に一緒に取り組みましょう。

16 Let's all look at the big picture.
大きなプランを描きましょう。

17 Let's proceed in a spirit of togetherness.
連帯感を持って進めましょう。

18 The good of the company should be our common goal.
会社のためになることが、私たちの共通のゴールのはずです。

19 We will succeed if we work as one unit.
一つにまとまってやれば、私たちは成功します。

20 I know you all have the capacity to work together, but now you need to show me.
一緒にやれる能力があるのは分かっていますが、具体的にそれを見せてくれませんか。

21 We'll get this done faster if we all work together.
一緒にやれば、早く仕上げることができます。

22 A common goal will help head off problems down the road.
共通のゴールを持っていれば、将来起こりうる問題を避けることができます。

23 United we stand, divided we fall.
団結すれば成功し、分裂すれば失敗します。

Intimidating / 脅して

24 Infighting and power plays will get you nowhere.
内輪揉めや権力争いは、何の意味もありません。

25 This is no place for fence-sitters or the partially committed.
日和見主義者や、中途半端な関わり方しかできない人に、居場所はありません。

26 The collective takes precedence over the individual here.
ここでは個人よりも集団が優先です。

27 We either stay together, or you get out of the way.
一緒にやるか、出て行くかのどちらかです。

28 We don't tolerate dissent within our ranks.
この立場の私たちが、合意しないことは許されません。

35 | 上司をおだてる

CD 091

PART2 職場で

Effusive / 大げさに

01 **I worship the ground you walk on—is that wrong?**
あなたを崇め奉ります―構いませんよね？

02 **I put you up on a pedestal.**
貴殿を台座に戴きます（あなたを崇拝します）。

03 **This is easily the best [report/briefing/analysis/work] that I've ever seen.**
間違いなくこれは、今まで見た中で最高のレポート・ブリーフィング・分析・仕事です。

04 **The way you do X is simply amazing!**
あなたのXのやり方は、本当に素晴らしいです！

05 **I'm amazed at how you handle everything.**
あなたのやり方に驚いています。

06 **I love watching you in action.**
あなたが仕事をしているのを見るのが好きです。

07 **I learn so much from you every day.**
毎日多くのことをあなたから学んでいます。

08 **Your work sets you apart from everyone else.**
あなたの仕事ぶりは他の人から際立っています。

09 **I am inspired by your determination/work ethic/will to succeed.**
あなたの物事の決め方・仕事に対する価値観・成功への意志に感化されています。

10 **I'm proud to be on your team/working for you.**
あなたのチームにいること・一緒に仕事ができることを誇りに思います。

11 **Men/women of talent and integrity are rare.**
能力があり、しかもその上に誠実である人はまれです。

Subtle / 地味に

12 **I shouldn't go on so much about your work, but I can't help myself.**
あなたの仕事に関して、これ以上話し続けるべきではないのでしょうが、どうしてもそうしてしまいます。

13 **This could be the beginning of a beautiful partnership.**
素晴らしいパートナーシップの予兆かもしれません。

14 **With results like these, you'll be unstoppable.**
この調子だと、誰もあなたの勢いを止められませんね。

15 **With your discipline, you won't be staying in the mail room forever. [joking]**
あなたほど自分自身を律していれば、メールルームにずっといることは決してないでしょうね。[冗談]

16 **It's good to be on board with you and your team.**
あなたや、あなたのチームと一緒に仕事ができることは素晴らしいです。

17 **If I worked as hard as you, I would have made partner by now.**
あなたと同じくらい懸命に働けば、今頃私は共同経営者になっていたはずですね。

18 **Your achievements speak volumes about your dedication.**
達成なさったことが、あなたの多大なご尽力を物語っています。

19 **You deserve every accolade you receive.**
多くの賞賛を受けるだけの仕事をなさっています。

20 **Everybody should put as much gusto in their work as you do.**
皆が仕事に対して、あなたと同じような情熱を持つべきです。

21 **If everyone worked as hard as you, this company would be ahead of the game.**
もし皆があなたと同じくらい懸命に働けば、この会社は競争の先頭を行っていたと思います。

22 **Once again, you make us all look bad. [joking]**
また今回も、あなたのお陰で我々が皆ダメに見えます。[冗談]

23 **Nice work, as usual.**
いつも通り、素晴らしい仕事です。

24 **Not too shabby, partner!**
悪くないですね、先輩!

36 　部下をやる気にさせる

Positive / おだて気味に

01 You are wonderful to work with—keep it up!
君と一緒に仕事をすると素晴らしい―その調子！

02 I can see your bonus/raise/promotion from here!
ボーナス・昇級・昇進は、確実だね！

03 Keep up the great work—it won't go unnoticed.
いい仕事を続けてくれ―見ている人は見ているよ。

04 Never, ever, ever give up!
絶対に、一度でも、少しでも、諦めるな！

05 There's no time like the present to kick it into high gear.
今こそ、全力を出すときだ。

06 I'm right behind you, encouraging you with each step forward.
私はいつも君の後ろにいて、一つ一つ仕事が進んでいくのを応援しているよ。

07 You are so close to the finish line!
あとほんの少しでゴールだ！

08 I am proud of you—keep up the good work.
君を誇りに思う―いい仕事を続けてくれ。

09 When we work as a team we always get great results.
チームで仕事をすれば、いつも良い結果がついてくる。

10 Now isn't the time to stop—let's press on to the end.
今は立ち止まるときではない、最後まで休むな。

11 You can become one of the elite if you put your mind to it.
この仕事に集中してしっかり打ち込めば、エリートの一員になれる。

12 Hard times will soon be a thing of the past if you hang in there.
がんばっていれば、つらい経験もじきに過去のことになるさ。

Negative / 脅し気味に

13 Even the longest journey begins with a single step.
どんなに長い旅も、一歩から始まる。

14 Keep your eyes on the prize.
目的から気持ちを逸らすな。

15 It comes down to a single question: What future do you want to create?
結局、質問は一つ。君はどんな未来を創りたい？

16 You are the employee you decide to become.
君なら、将来どんな社員になりたいかを自分で決められる。

17 Just how committed are you to making this job work?
この仕事にどれくらいコミットしているんだ？

18 You need to keep your nose to the grindstone.
汗水たらして一所懸命働かないとダメだ。

19 Our company's future is in your hands—don't drop the ball.
会社の将来は君にかかっている―期待を裏切るな。

20 I can see the light at the end of the tunnel, and it isn't an oncoming train. [joking]
トンネルの出口の光が見える。対向列車のライトではなくホンモノらしいぞ。[冗談]

21 We're making some progress, but we're still not there yet.
我々は進歩はしているが、まだたどり着いてはいない。

22 You need to work smarter, not necessarily harder.
賢く働くことだ、必ずしも猛烈に働くのではなく。

23 The job won't get done if you don't pull your weight.
やるべきことを果たさないうちは、仕事はいつまでたっても終わらない。

24 The only place to go from here is up.
ここから行くべきところは上しかない。

25 **The company is expecting more from you—I hope you're up for it.**
会社は君にとても期待している―受けて立って、期待に応えてほしい。

26 **I'm sure you will do better next time.**
次はきっともっとうまくできるだろう。

27 **We are watching you every moment of every day.**
私たちは、毎日、いつでも、君を見ている。

28 **I don't want to hear myself talking; I want progress.**
自分の声を聞くのはもう飽きたよ。とにかく結果が欲しいんだ。

29 **You either cut the mustard or you're done.**
期待に応えるか、諦めるかのどちらかだ。

37 | 部下の成果が思わしくないとき

01 Is your work load too stressful? Maybe I can help.
ストレスが溜まるほど仕事量が多いのかい？何か力になれると思うよ。

02 Is there something on your mind? Something you'd like to discuss?
何か気になることでもあるのかい？僕に話したいことがあるんじゃないか？

03 Are you having any issues away from work? You seem distracted/unhappy/disengaged.
仕事以外に何か気がかりなことがあるんじゃないか？―君は、上の空・不安げ・集中していないように見えるよ。

04 Your work quality has been suffering as of late—what can we do to turn it around?
最近、仕事の質が落ちているようだが―それを変えるにはどうしたらいいのかな？

05 Perhaps you need a little break to regroup.
気を取り直すために、少し休息したらどうかな。

06 I know you are capable of much more than this.
君はこれ以上できるはずだ。

07 You need to carry your weight in order to get the recognition you deserve.
やっただけの評価をもらうためには、役目を果たさなくてはダメだ。

08 You have such potential—why are you failing to follow through?
君にはポテンシャルがあるのに―なぜやり遂げられないんだ？

09 I know you've got a lot more talent than what I've been seeing lately.
このところ力が発揮できてないようだが、君がもっとできるのは知っているよ。

10 This kind of underwhelming performance isn't like you.
この冴えない結果は君らしくないね。

11 **Your performance has been substandard lately—how come?**
君の出来は、この頃標準以下だ—いったいどうしたんだ?

12 **Isn't it time that you showed us what you're capable of?**
君に何ができるのか、そろそろ私たちに見せてほしい。

13 **Team members have offered to help you—is that what you want?**
チームのメンバーから君を手伝いたいという申し出があるが—これが君の望んでいたことなのか?

14 **I've had to delegate your tasks to other people—why is that?**
君の業務をほかの者に任せなくてはならない—なぜそうなるんだ?

15 **The company is expecting a lot more from you.**
会社は君にもっと期待している。

16 **In this company, we take responsibility for our conduct.**
この会社の社員は、自分の行動に責任を持っている。

17 **What's gotten into you lately?**
最近、どうかしたのか?

18 **Our department head is looking at your performance closely.**
部長が君の業績を詳しく調べている。

19 **Taking on more responsibility at work might be a good idea.**
もっと仕事に責任を持ったほうが、いいんじゃないか。

20 **We all expect a lot from you, and we're watching.**
君にはもっと多くを期待している、見ているよ。

21 You're holding everyone back—this can't go on forever.
君は足手まといになっている—これは長くは許されないよ。

22 This kind of shoddy performance warrants a verbal warning.
この程度の仕上がりでは、口頭で注意されて当然だ。

23 I've heard people whispering about you; you'd better get it under control.
皆が君の噂をささやいているのは聞いているが、放っておかないほうがいいぞ。

24 I am going to have to write you up immediately.
君に関する詳しい報告をすぐに書かなければならない。

25 You need to earn your pay.
自分の給料分の仕事はすべきだ。

26 If you can't pick up the pace, we'll have to let you go.
ついて来られないなら、出て行ってもらわなければならない。

27 If you don't get yourself together by next Friday, you will be terminated.
来週の金曜日までに自分を取り戻せないなら、辞めてもらうことになる。

38 | 従業員を解雇する

Professional / プロに徹して

01 We can no longer afford to keep you on, unfortunately.
あなたをこれ以上雇う余裕がありません、残念ですが。

02 I'm afraid it's just not working out any longer.
申し訳ありませんが、これ以上続けることはできません。

03 I'm sorry, but we're going to have to let you go.
すみませんが、あなたに辞めていただかなければなりません。

04 I know you will be much happier elsewhere.
他のところのほうが働きやすいでしょう。

05 You're a smart person—we all know you'll land on your feet.
あなたは賢明な方ですので—苦境を脱することができると思っています。

06 Someday you will make an excellent employee if you put your mind to it.
一所懸命仕事に打ち込めば、いつかは素晴らしい社員になるのでしょう。

07 We need to have a serious discussion about your work performance.
あなたの仕事の成果について、真剣に話し合わなければなりません。

08 This is going to be your last day with the company.
これがこの会社での、あなたの最後の日になると思います。

09 We have no choice but to let you go.
お辞めいただく以外の選択肢はありません。

10 We tried our best to help you but we still didn't get the required work quality.
あなたのために最善を尽くしてきましたが、いまだに求められる水準に達していません。

11 Your behavior flies in the face of SOP; we have to let you go.
あなたの振る舞いは、標準作業手順書を無視しています。従って、お辞めいただかなくてはなりません。

Unprofessional / 感情的に

12 I cannot risk losing my job for your mistakes.
あなたのミスのお陰で、私の仕事まで危険にさらすわけにはいきません。

13 We can't condone what you did; I have no choice but to let you go with cause.
あなたの行ったことを容認するわけにはいきません。そのため、辞めていただく以外に、選択の余地はありません。

14 You broke the rules and now you have to pay the price.
規則を破ったのですから、今度はそちらが代償を払う番です。

15 You leave me no choice but to fire you.
私にはあなたを辞めさせる以外、選択肢はありません。

16 You know, it's nothing personal—it's just work.
これは個人的な対応ではありません—あくまでも仕事上の対応です。

17 What do you think should happen to you at this point?
事態を十分にご理解いただいていますか？

18 I have a stack of complaints against you; there is nothing left for me to do but fire you.
あなたへの不満が数多く寄せられていますので、お辞めいただくしかありません。

19 You're clearly not a good fit for this company; I have to let you go.
あなたはこの会社にふさわしくありません。お辞めいただかなくてはなりません。

20 I'm surprised you made it this far.
あなたがここまでやってこられただけでも驚きです。

21 We'll miss your personality, but not your lack of discipline/motivation/dedication.
あなたの人柄は惜しいですが、あなたには規律・やる気・貢献が足りませんでした。

Professional / プロに徹して

22 It's a shame that our code of conduct allowed you to be here this long.
ここにはしっかりした行動規範があるにもかかわらず、あなたがこれほど長い期間ここで働けたことは、むしろ心外です。

23 I've been more than patient with you.
単なる忍耐を超えて、ずっと我慢してきました。

24 Sorry, but you're out.
お気の毒ですが、クビです。

25 It's official—you're fired.
これは正式な通知ですが—あなたはクビです。

26 Firing you has been a long time coming.
ようやくあなたをクビにできます。

27 We're going in a different direction, and you won't be along for the ride.
我々は別々の方向を目指していますし、あなたの仲間ではありません。

28 Feel free to show yourself out.
退室はご自由に。

29 Don't let the door hit you on your way out.
用が済んだら、さっさと出て行け。

30 You're probably finished in this business.
この業界ではもう仕事はないね。

31 I'm going to enjoy watching you leave.
出て行くのを喜んで見てるよ。

32 You're history.
君は過去の遺物だ。

33 You're outta here!
出て行け！

Unprofessional / 感情的に

39 | 仕事のペースを上げる

Blatant / 騒々しく

01 Step on it!
急いで！

02 It's go time!
行け！

03 Let's get a move on it, people!
とにかくやろう、みんな！

04 We don't have a second to waste.
少しの時間もムダにできないぞ。

05 Time is of the essence.
時間の問題だ。

06 What are you waiting for? Time is a-wasting!
何を待っているんだ？時間の無駄だ！

07 Failure is not an option, so let's get going!
失敗は許されない、さあ急ごう！

08 Have you heard of the last minute? Well, this is it!
土壇場って聞いたことがあるかい？今のことさ！

09 The clock is ticking, folks.
時間はないぞ、みんな。

10 Please, let's focus. We only have so much time to finish.
集中しよう。時間は十分にはないぞ。

11 Please understand the urgency—I need your help now.
急を要することを分かってほしい―今助けてほしいんだ。

12 We can get this done if we focus and keep track of time.
集中して時間通りにやれば、やり遂げることができる。

13 There is no later; there is only now.
「後で」はない、今すぐやるんだ。

Subtle / 控えめに

Blatant 騒々しく

14 We need to stop wasting time.
時間の浪費はやめよう。

15 We no longer have the luxury of time to put this off.
延期するような時間の余裕はない。

16 We need to put our wasted time behind us and keep going.
無駄にした時間のことは忘れて、やり続けよう。

17 We need to use what little time we have left.
残りの時間がほとんどない中で、やりくりしなければならない。

18 Time is a luxury we no longer have.
時間の余裕は一切ない。

19 Why put off 'til tomorrow what you can do today?
今日できることを、なぜ明日に持ち越すんだ？

20 So much work, so little time.
仕事は多く、時間は少ない。

21 This isn't the time to be working on your tan. [sarcastic]
日焼けを楽しんでる場合じゃないだろう。[皮肉]

Subtle 控えめに

40 | 仕事のペースを落とす

01 I think we need to ponder all our options before making a decision.
結論を出す前に、すべての選択肢をよく考える必要があると思います。

02 A decision this important should be given the time and attention it deserves.
これほど重要な決定であれば、もう少し時間をかけ、注意を払って行うべきです。

03 I appreciate your enthusiasm, but let's slow down for a moment.
熱意には感謝しますが、ちょっとゆっくり考えませんか。

04 I appreciate your alacrity, but we shouldn't rush this.
乗り気なのは嬉しいですが、急ぐことはありません。

05 For the sake of thoroughness, I think we should take our time.
完璧を目指して、時間をかけるべきです。

06 What if we took some time to cogitate on this?
もしも、もっと時間をかけて注意深くしっかり考えるとしたら、どうなるでしょうか？

07 It might be to our disadvantage to work this quickly.
こんなに急いでやることは、むしろ良くないことではないでしょうか。

08 We sell no wine before it's time. [joking]
時が熟さなければ、売るワインはありません。[冗談]

09 Can we delay for the purpose of understanding better?
もっとよく理解するために、遅らせてもいいですか？

10 Let's slow down and really think this through.
ペースを落として、本当によく考えましょう。

11 Let's take baby steps while there's still so much time.
時間がまだたっぷりあるうちに、少しずつ前に進みましょう。

12 Let's not burn any bridges by moving too quickly.
急いでやり過ぎて、選択肢を潰さないようにしましょう。

Courteous / 丁重に

13 It's early yet in the decision-making process.
まだ意思決定の初期の段階です。

14 There's plenty of time; no need to panic.
時間はたっぷりあるから、パニックになる必要はありません。

15 We shouldn't rush into things.
急いでやることはありません。

16 Everything in good time, my friend.
時が来ればうまくいきますよ。

17 Snap decisions rarely work out well in the end.
急いで決めたことは、最後にはうまくいかないものです。

18 Why rush? We've got more than enough time.
なぜ急ぐのですか？十分過ぎるほど時間はあります。

19 I think that it is a bit premature to make a decision.
決断をするにはまだ少し早い気がします。

20 The speed at which we're working is creating a space for error and confusion.
このスピードで仕事をすると、間違いや困難のもとになります。

21 Make an error in haste, repent at leisure.
急いで間違い、後から後悔。

22 Only fools rush in.
愚か者だけが急ぎます（躊躇せず飛び込んでいくものです）。

23 Can we slow down a bit? I need to catch my breath!
少しペースを落としませんか？息を整えないと！

24 We're in no hurry—no need to cause a panic!
我々は急ぎではいません―当然、パニックを起こす必要もありません！

Rude / ぞんざいに

25 It's madness to move at this speed.
このスピードで進めるのは狂気の沙汰です。

CD 106

26 Haste makes waste.
急いては事をし損じます。

27 One step at a time.
一度に一歩ずつです。

28 Your impulsiveness is not serving us well here.
あなたの性急さは、ここでは役に立っていません。

29 If I were you, I'd slow down a bit.
もし私なら、もう少しスピードを落とします。

30 Why run when you can walk?
歩けるときになぜ走るのですか？

31 No one here is watching the clock, so slow down.
誰も時計を気にしたりしていません、ですからペースを落としてください。

32 Think, think again, then act!
考えて、もう一度考えて、それから行動してください！

33 Let's put the brakes on, okay?
ブレーキを踏みましょう、いいですね？

34 Whoa, slow down there, speedy!
ゆっくりゆっくり、せっかち屋さん！

35 Where's the fire?
どこかで火事でもありましたか？

PART 3

対立と怒り

People who fly into a rage always make a bad landing.
___Will Rogers

頭に血が上って、うまくいった人はいない。
———ウィル・ロジャーズ（コメディアン、作家）

introduction

人間関係に対立はつきものです。これは避けることはできません。次の4つのポイントは、たとえ辛い状況下においても、お互いが相乗効果を発揮し、長続きする人間関係を形成するのに役立つ、基本的な原則です。

1　コミュニケーションと妥協

　健全な人間関係を構築するには、誰とでもコミュニケーションができる力と、妥協する力という、2つの基本的な能力が必ず必要です。この2つがあれば、たとえ対立が発生したときでもうまく対処することができます。対立をいつも避けようとするのではなく、オープンに誰とでもコミュニケーションし、自分の感情をしっかりコントロールすること。つまり、解決策を見い出すことが目的であり、相手を打ち負かすことがゴールではないということを、常に覚えておきましょう。いつもあなたが皆を出し抜こうとしていると、家でも職場でも満足のいく生産的な関係は得られないでしょう。

2　本筋を外れない

　対立が解消されない原因の一つとして、最も頻繁に挙げられるのが、議論が脇にそれるか、あるいは脇にそれた議論が行き詰まってしまうことです。対立が解消するまでは、あるいは妥協が成立するまでは、問題の本質に取り組み続ける必要があります。たとえ必要だと思っても、1カ月以上前に起こったことは忘れてください。蒸し返したとしても、こらえていた苦い感情に火がつくだけです。今抱えている問題に対して満足できる結論が欲しかったら、皆のやる気や、意志、そして忍耐に悪影響を及ぼすような、本筋から外れた議論は無視することです。

3　穏やかな態度と、明快な思考

　過去の対立をやり過ごすためには、穏やかな態度と明快な思考で臨むことです。前向きに考え、例えば大声で叫んだり、悪口を言ったり、人を非難するような、みっともない手段に訴えることはやめましょう。怒りの感情が収まらなかったり、抑えることができないと感じたときは、一旦仕事の手を休め、心を落ち着かせてください。対立の根本的な原因から少し距離を置いて、自分が関わることでもたらされる良い成果をイメージしてみます。そして、その良い成果を出すために、どうすれば議論の的を絞ることができるかを想像してください。いずれにせよ、休息の間は前向きな態度を維持し、問題に対して腹を立てないようにしましょう。

4　共感をもって聞く

　対立の中にあっても前向きなコミュニケーションがしたい場合、一番ないがしろにされているポイントは、相手が言いたいことをしっかり話し終わらせることです。どれほど言葉を差し挟みたくても、相手の話を中断してはいけません。相手の話を注意深く聞き、気持ちよくアイコンタクトして、傾聴していることを相手に知らせます。相手の話が終わったら、次の話題に移る前に、まずはお礼を言って、相手の思いや考えを繰り返すようします。これによって、話し手は自分の話を聞いてもらったことが分かり、また議論の場に共感する雰囲気を作り出すことができます。議論は勝ち負けではなく、むしろ議論をしている皆にとって、妥協であり、望むところは、お互いが満足できるWin-Winのシナリオ作りであることを、どうぞお忘れなく。

41 緊張を緩和する

Conciliatory / なだめるように

01 It's okay, we just don't see eye to eye on this.
この件に関して、意見が一致しなくても別にいいでしょう。

02 I'm sorry, I guess we just don't understand each other.
すみませんが、お互いのことが単に分かっていないだけだと思います。

03 I think it's generally better to stay away from controversial topics.
異論の多いトピックについては、取り上げないほうが一般的にはいいと思います。

04 Let's just chalk it up to semantics/Mondays/not getting enough sleep. [joking]
（うまくいかないのは）言葉の問題・週の初めなので・よく寝ていないので、ということにしておきましょう。[冗談]

05 This topic has caused a lot of trouble for people smarter than we are.
私たちより賢い人たちも、この話題には頭を抱えています。

06 Neither one of us knows enough to have a productive discussion.
誰もが皆、生産的な議論のための知識が不足していますね。

07 Well, we should probably stop now before things get too heated.
議論がヒートアップし過ぎる前に、このくらいでやめておきましょう。

08 There's no reason to fight over little things.
こんな些細なことで言い争う理由はないでしょう。

09 Don't you feel how problematic this topic is?
扱いにくい問題だと思いませんか？

10 Is it really wise to pursue this discussion?
この議論を続けることが賢明なことでしょうか？

11 Problems such as these tend to create a lot of controversy.
このような問題は、多くの論争を巻き起こすきらいがあります。

Aggressive / 焚きつけるように

Conciliatory / なだめるように

12　Let's not allow relatively minor things to put us in a state of conflict.
比較的些細な事柄で、いがみ合うのはやめましょう。

13　I think it's better to stay away from controversial topics.
物議を醸す話題には触れないほうがよいと思います。

14　This topic has caused a lot of trouble for a lot people.
この問題は、多くの人をかなり悩ませています。

15　It's just a difference of opinion—nothing more, nothing less.
意見の相違です―それ以上でも以下でもありません。

16　I think we would all benefit from a less hostile dynamic here.
相手への敵対心を少し弱めるだけでも、皆のためになると思います。

17　Let's take a breather and regroup when we're both calmer.
気持ちが落ち着いたら、一息入れて、また新しく始めましょう。

18　Why are we arguing when we actually know so little about this?
実際にはそれほどよく知らないことについて、なぜ私たちは言い争っているんでしょう？

19　It's not constructive to have so much dissention.
これだけ大きな意見の違いがあることは、建設的なことではありません。

20　We shouldn't judge one another—let's be more civil.
お互いに批判するのはやめるべきです―もう少し礼儀正しくしましょう。

21　Aren't we making a big deal out of nothing?
つまらないことで大騒ぎし過ぎじゃないですか？

Aggressive / 焚きつけるように

22　I don't see respect being offered from either side—let's start over.
どちらの側からも敬意の念が感じられません―初めからやり直しましょう。

Conciliatory / なだめるように

23 You may want to argue, but I'm not the fighting kind.
議論したいのでしょうが、私は争いは好みません。

24 If it's an argument you want, I'm not the person for the job.
もし議論したいのなら、私は担当ではありません。

25 Let's put a stop to this before it gets any worse.
もっと悪くなる前にやめましょう。

26 It wouldn't take much to make this misunderstanding a lot worse.
もうすぐ、この誤解はもっと深刻になりますよ。

27 All of this bickering isn't getting us anywhere.
口論しても、どうにもなりません。

28 We could wrangle all day, but I'd rather work things out more peacefully.
一日中やかましく口論することもできますが、私はもっと穏便に事を進めたいです。

29 We'll continue when everyone is acting less aggressively.
皆がもう少しおとなしく振る舞えば、続けることができます。

30 Would you be less combative when you speak to me, please?
私と話すときは、もう少しその好戦的な態度を和らげていただけませんか？

Aggressive / 焚きつけるように

31 Why are you getting so excited/upset/irascible?
なぜそんなに、興奮して・混乱して・短気になって、いるのですか？

32 Do you think your behavior is bringing us any closer to a resolution?
あなたの行動のお陰で、私たちが解決策に近づいていると思いますか？

33 Don't jump to conclusions.
結論を急がないでください。

34 Don't bicker about trivial matters.
細かいことで口論するのはやめましょう。

35 We don't need a war to figure this out.
これを解決するのに戦う必要はありません。

36 Cool your jets.
落ち着けよ。

37 Chill out!
落ち着け！

42 | 他者の対立を終わらせる

Diplomatic / 如才なく

01 It's easy to get upset about this; why, just the other day this happened to me...
取り乱すのは簡単です。というのも、先日私にこんなことがありまして…

02 Let's keep this sophisticated, people! [joking]
上品にいきましょう、皆さん。[冗談]

03 I demand a cease fire! [joking]
「撃ち方やめ！」と言っているんだ。[冗談]

04 Calm down or I'll give you both a pink slip. [joking]
落ち着いてください、さもないと二人ともクビですよ。[冗談]

05 This discussion could be interesting if everyone was less emotional.
この議論は面白いだろうと思います、但し皆が感情的にならなければの話ですが。

06 Before you start arguing, let's go over all the points again.
議論の前に、すべての要点をもう一度おさらいしましょう。

07 Just a moment—I have something to say that might be useful.
ちょっと待ってください—申し上げたいことがあります。きっと役に立つと思います。

08 Come on, guys—we need to work as a team here.
頼むよ、みんな—ここではチームワークよくやらないと。

09 We want to maintain harmony in this environment.
この状況では、協調して進みたく思います。

10 We are here to collaborate, not bring each other down.
私たちは一緒にやるためにここにいます。互いの鼻っ柱を折るためにいるのではありません。

11 What if we stopped this discussion and simply let it go for now?
ここで議論はやめて、単にこれでよしとしてしまったらどうでしょう？

Blunt / ぶっきらぼうに

Diplomatic | 如才なく

12 Let's take a breather and reconvene when everyone's calmer.
ひと休みして、皆が落ち着いてから、再度集まりましょう。

13 Let's not kill the mood with those topics.
その話題を持ち出して、この雰囲気を壊さないでください。

14 The project will be in danger if you keep fighting.
あなた方が反目し続ければ、このプロジェクトは危うくなります。

15 We all need to be cordial with one another.
お互いに誠心誠意、対応しなければなりません。

16 You guys need to keep cool before we all get into trouble.
揉める前に、頭を冷やさないといけません。

17 Let's discuss the subject in peace.
友好的に議論しましょう。

18 It's pointless to argue at this time.
今議論するのは意味がありません。

19 We've got better things to do than yell at each other.
お互いにわめき合うより、もっといいやり方があるでしょう。

20 Let's stay constructive, here; arguing is pointless.
ここは建設的にいきましょう、言い争いには意味がありません。

21 Let's not speak about it any longer, okay?
その件については、もう一切話すのはやめましょう、いいですね？

22 You're not getting anything accomplished this way.
この方法では、何も達成できませんよ。

23 Well, you should probably stop while you're ahead/ before you say something you'll regret.
まあ、そのへんで・まあ、後悔するようなことを言う前に、止めたほうがいいと思いますよ。

Blunt | ぶっきらぼうに

Diplomatic / 如才なく

24 That's the kind of behavior we should avoid right now.
今は、まさにその言動こそ避けたいものです。

25 I really dislike this kind of attitude and would like it to stop.
そういう態度は本当に嫌なので、やめてください。

26 This is a discussion between equals, not children engaged in a schoolyard fight.
これはフェアな大人同士の議論です。校庭でケンカをする子どもたちとはわけが違います。

27 If you two don't knock it off, I'm going to have to speak with HR/the boss/your father/your mother.
二人ともいいかげんにやめないと、人事部に・上司に・父親に・母親に、言いつけますよ。

28 If you can't settle down, you're both out of here.
冷静になれないなら、出て行きなさい。

29 Hey, take a chill pill!
おい、鎮静剤でも飲め！

Blunt / ぶっきらぼうに

43 | 誤解を乗り越える

PART3 対立と怒り

Tactful / よく考えて

01 I value our relationship—let's play fair with one another, okay?
私たちの関係は大切です—お互いにフェアな態度でいきましょうね？

02 I know this is tough—maybe we can both go over the details once more.
大変なのは分かっていますが—もう一度、詳細を話し合ってみましょうか。

03 I believe we can work collaboratively and solve this misunderstanding.
私たちはお互いに協力できますし、この誤解も解くことができると思います。

04 We're misunderstanding each other and I want to make things better.
私たちはお互いに誤解してきましたが、私はこれを解消したいのです。

05 Searching for common ground would help keep us on track, here.
共通の考え方を見い出そうとすれば、予定通りに物事を進めることができると思います。

06 Two heads think better than one—let's give this another try.
一人でよりも、二人で考えたほうがいい—もう少し考えてみましょう。

07 Solving problems is a part of business/family life/friendship.
問題を解決することは、仕事上の・家庭生活の・友情の、一部です。

08 We both need to compromise a little to make it work.
私たちは、うまくやっていくために、互いに少しずつ妥協しなければなりません。

09 We can rewind to the beginning and start over if you'd like.
あなたさえよければ、初めに戻ってもう一度やり直しましょう。

10 It would help us both to focus on the larger picture.
大きな視点で見ることが互いのためになります。

Blunt / ぶっきらぼうに

11 **Please help me put this problem/issue/conflict to rest.**
この問題・懸念・対立を止めるために、あなたの力を貸してください。

12 **I'm sure this makes sense to you—can you explain it to me a bit better?**
あなたには自明のことだと思いますが—もう少し詳しく説明してくれませんか?

13 **I see where you're going with this, but I don't think we're on the same wavelength yet.**
あなたが何をしたいのかは分かっていますが、まだ同じ波長とは言えないと思います。

14 **I believe we'll both get further along if we keep our emotions out of it.**
感情的にならなければ、私たちはもっとうまくやっていけると思います。

15 **I don't want to clash anymore—let's figure this out once and for all.**
ぶつかるのはもうたくさんです—これを最後に解決しましょう。

16 **You need to be less hostile so we can solve this problem.**
反感をあと少し抑えれば、この問題は解決できると思います。

17 **Once you stop making erroneous assumptions, we'll be able to make real progress.**
間違った前提を変えれば、実のある進展が見られると思います。

18 **Why are you so closed off to the ideas of others?**
なぜ他の人の意見を聞かないのですか?

19 **C'mon, let's not fight.**
いいかげんに、ケンカはやめよう。

20 **Wow, let it go already!**
おいおい、それはもう水に流せよ!

44 | 攻撃的な発言をされたら

Friendly / 友好的に

01 You certainly have a great command of the idiom! [joking]
うまく言葉を操りますね。[冗談]

02 Wow, I can't believe you just said that! [smiling]
ええっ、そんなことを言うなんて信じられないなぁ！[笑顔で]

03 I'm not going to argue with you, but I'm still a bit surprised you said that.
あなたと口論はしたくないのですが、言われたことにはびっくりしています。

04 I'm not sure that many people would agree with you there.
あなたの意見に賛成する人は多くないと思いますよ。

05 There are probably some topics that are best avoided, don't you think?
おそらく、議論は避けたほうがいいトピックが、いくつかあると思いませんか？

06 I don't know whether to take you seriously or not.
あなたのことを本気で受け止めていいかどうか分かりません。

07 Your statements really upset me—I'm surprised you said that.
あなたが言ったことに混乱しています—その発言に驚いています。

08 I find that quite disturbing/offensive/tactless/upsetting.
その発言は、とても、気がかりです・攻撃的です・不用意です・動揺させられるものです。

09 Is that really what you think?
これが本当にあなたの考えていることですか？

10 Do you realize what you're saying?
何を言っているかお気づきですか？

Confrontational / 対立的に

11 You do know that's completely unreasonable, right?
完全に理性を欠いていることは重々ご存知ですよね？

12 **Am I hearing you correctly?**
あなたの言っていることを、私は正確に理解していますよね？

13 **I don't appreciate your choice of words.**
あなたの言葉の選択はいただけません。

14 **I don't like what you're saying very much.**
あなたの言っていることは全く気に入りません。

15 **What's the point of saying something like that?**
要点があるとすれば何ですか？

16 **Don't let your words get ahead of your thoughts.**
考えるよりも先に話すのはやめてください。

17 **I think you should rephrase that, don't you?**
違う表現で言ってみていただけませんか？

18 **I'm not sure you're thinking clearly right now.**
あなたが今、しっかり考えているかどうか分かりません。

19 **I can't believe you actually said/support/condone that.**
あなたが本当にそんなことを、言った・支持する・許すなんて、信じられません。

20 **You have to be careful when you make statements like that.**
そういうことを言うときは、気をつけなければなりません。

21 **A statement like that can land you in hot water.**
その言い方では、自ら煮え湯に飛び込んだようなものです。

22 **Did you even hear what you just said?**
今おっしゃったことを、あなた自身、お聞きになりましたか？

23 **Maybe we should talk about the way in which you communicate.**
おそらくあなたのコミュニケーションのやり方について話したほうがいいでしょう。

24 You should really watch what you say in public.
公に発言するときは、注意しなければなりません。

25 If you think like that, there's not much I can do to help you.
そのように考えるのであれば、私がお手伝いできることはそれほどありません。

26 Do you always say everything that pops into your head?
思い浮かんだことはすべて口に出しているのですか？

27 I distinctly heard what you said and know that you meant it.
確かにご発言はお聞きしましたし、あなたが本気であることも了解しています。

28 Do you realize you said that out loud?
はっきり口に出してしまったことにお気づきですか？

29 Do you take pride in this?
こんな（攻撃的な）言い方を自慢にしているのですか？

30 This is not the right place to talk about this.
お話しするのに適した場所ではありません。

31 There are things that just shouldn't be said.
（世の中には）言ってはいけないことがあります。

32 I'm so not in the mood for this.
そんな気分ではありません。

33 You like to upset/shock/unnerve people, don't you?
人を動揺させるのが・人にショックを与えるのが・人の気力を奪うのが、お好きなのですね？

34 If that is your stance, what is there left to talk about?
それがあなたの立場であれば、何かほかに話すことはあるのでしょうか？

Friendly 友好的に

35 **If you are happy believing that, I guess I'm happy for you. [sarcasm]**
あなたがそれを信じることでハッピーなら、私もハッピーですよ。[皮肉]

36 **You should be working as a diplomat with skills like those. [sarcasm]**
そのスキルで、外交官でもやったらどうですか。[皮肉]

37 **I will not tolerate this kind of talk/treatment/attitude!**
私は、このような会話・扱い・態度には、我慢できません！

Confrontational 対立的に

45 相手が怒っていたら

穏やかに / Gentle

01 **We all have bad days—let's take a second to cool off.**
誰にもついてない日はあるものです―少し休んで冷静になりましょう。

02 **I'm sure you didn't mean that.**
悪気はなかったのですよね。

03 **I know you don't want to offend anybody.**
誰も傷つけるつもりはないのですよね。

04 **Let's keep this professional/sophisticated.**
プロフェッショナルな態度・品位のある態度に徹しましょう。

05 **You're taking your point a little too far.**
少し言い過ぎましたね。

06 **This isn't the time to let emotions run away from us.**
感情の赴くままに話をするタイミングではありませんね。

07 **You're getting a little intense here.**
少し感情的になってきましたよ。

08 **I feel like you're trying to hurt me—is that the case?**
まるで私を傷つけたいように感じるのですが―そうなのですか?

09 **I find your tone to be a bit provocative/upsetting/confrontational.**
あなたの物言いは、挑発的です・人を困惑させます・けんか腰に感じられます。

10 **Please don't speak to me that way.**
そんなふうに話しかけるのはやめてください。

11 **There is no need to get personal.**
個人的にとる必要はありません。

12 **You've reached your boiling point; you need to settle down.**
怒りが頂点に達したようですね、冷静になってください。

対立的に / Confrontational

13 **I'm telling you up front: it's best to avoid that kind of talk.**
最初にお断りしておきますが、そのような会話は避けるのが賢明です。

Gentle / 穏やかに

14 Your tone has crossed the line.
あなたの口調は一線を越えてしまいました。

15 Maybe you should take a walk/get a little fresh air/calm down.
少し外を歩いたら・新鮮な空気を吸ったら・落ち着いたらいかがですか。

16 If you can't control your temper, we'll need to talk some other time.
感情をコントロールできないのであれば、この件は別のときに話しましょう。

17 Use your inside voice, please.
自身の心の声を聞いてください。

18 I won't tolerate this kind of talk/behavior/tone.
このような会話・態度・口調は、我慢できません。

19 Are you trying to be mean?
わざと意地悪をしているのですか?

20 You may have a right to be angry on your own time, but not on mine.
怒りたいときに怒るのはあなたの自由ですが、ここで私といる今はやめてください。

21 Your language/tone is offensive and unacceptable.
あなたの言葉・口調は攻撃的過ぎて、到底受け入れられません。

22 Keep a lid on it or you'll be out of here.
その怒りが抑えられないなら、ここから出て行ってください。

23 Knock it off!
いいかげんにしろ!

Rude Confrontational / 対立的に

46 | しつこい要求やプレッシャーには

01 I'd love to, but I really can't/have to go/don't have the time.
できればそうしたいのですが、本当にできません・行かなければなりません・時間がありません。

02 It's been a pleasure, but I really have to go.
楽しかったですが、もう行かなければなりません。

03 This simply isn't the right time, unfortunately.
本当にタイミングが悪いですね、残念ながら。

04 I would love to help you, but I'm already overcommitted as it is.
お手伝いしたいのはやまやまですが、仕掛かっている件がたくさんあるのです。

05 I wish I could be of more help to you, but I can't.
できればもっとお手伝いしたいのですが、できません。

06 I must respectfully decline.
謹んで、お断り申し上げなければなりません。

07 I'm sorry, but I can't help you.
すみませんが、お手伝いできません。

08 I don't have time for this at the moment.
今はこれに割く時間がありません。

09 Please leave me alone/stop pushing.
構わないでください・急かすのはやめてください。

10 This conversation is unnecessary.
こんな会話は必要ありません。

11 Maybe this is the way you get things done, but I don't like it.
これがあなたのやり方かもしれませんが、私は好きではありません。

12 It's useless; you're wasting your efforts on me.
無駄です、あなたの努力は徒労に終わります。

Polite 丁寧に

13 You'll be wasting your time if you keep talking to me/pushing me.
私に話し続けるのは・私を急かし続けるのは、あなたにとって時間の無駄です。

14 Why don't you take this up with someone who actually has the time?
時間のある他の方に相談したらいかがですか？

15 You really should put your energy elsewhere.
エネルギーをほかにかけたほうがいいですよ。

16 If I need your help, I'll ask for it.
助けてほしいときはそう言います。

17 The answer is no.
答えは「ノー」です。

18 No is a complete sentence.
ノーと言ったらノーです、ほかに付け足すことはありません。

19 You're pushing too hard—stop it!
しつこ過ぎます―やめてください！

20 Go bother somebody else!
ほかの人のところに行ってやってください！

Rude ぞんざいに

47 | 相手が頑固なら

01 **There is probably more than one way to look at this.**
物の見方は、おそらく一つだけではないと思います。

02 **There are other ways to deal with this issue.**
この問題には、ほかにも対処のしようがあります。

03 **I can see where you're coming from, but I still must disagree.**
お考えは分かりますが、同意するわけにはいきません。

04 **If you thought about this objectively, you would find I'm right.**
客観的に見ると、私が正しいことがお分かりいただけると思います。

05 **I certainly understand how you see it, but I see it differently.**
もちろんお考えは分かりますが、私は違う見方をしています。

06 **I'm afraid you didn't understand me very well.**
恐縮ですが、私のことをよくご理解いただけていないようです。

07 **Are you open to hearing what I have to say?**
私の話をオープンに聞いてもらえますか？

08 **If you dig in and say, "I'm right and you're wrong," we won't get anywhere.**
「私が正しくてあなたは間違い」という意見にこだわるのであれば、うまくはいきません。

09 **We'll just stay deadlocked forever if neither of us will concede.**
どちらも折れないようでは、永遠に暗礁に乗り上げたままですね。

10 **When we both just want to be right, we won't accomplish anything.**
両方とも正しさだけを求めていては、何も成し遂げることはできません。

11 **Please listen to reason for a moment.**
少しの間、道理に沿って考えてみてください。

Professional / プロフェッショナルらしく

12 You need to be open to other people's perspectives, too.
他の人の物の見方にもオープンでないといけないと思いますよ。

13 The goal of any discussion is to share opinions and be open to the opinions of others.
どんな議論も、意見をシェアすると同時に、他の人の意見をオープンに聞くことが目的です。

14 If both of us want to come out on top, neither one of us will.
どちらも一番になることを目指していては、共倒れになります。

15 There's no "I'm always right" in a productive discussion.
「私が常に正しい」と言っている間は、生産的な議論はできません。

16 We won't make any progress if you always want the last word.
常に相手を論破して終わりたいのであれば、何の議論の進展も望めません。

17 You're not always right; I hope you can see that.
あなたが常に正しいとは限りません、それを理解してもらいたいです。

18 Let's stop acting like children.
子どもじみた行動はやめましょう。

19 Why is it always your way or the highway?
なぜいつも、あなたに同意するか出て行くか、の選択しかないのですか？

20 If you can't listen to reason, I'm done, here.
理性的に聞いてもらえないなら、議論はここで終わらせてもらいます。

21 You're just being a blockhead—listen to reason!
あなたはただのバカです—まずは聞いて！

22 Being pig-headed never helped anyone.
頑固さが役立ったためしはありません。

Unprofessional / 素人的に

23 You must be right since you are so sure. [sarcasm]
そんなに確信があるのなら、きっとあなたが正しいのでしょう。[皮肉]

24 Are you ever wrong? [sarcasm]
今までに、間違ったことがありますか？ [皮肉]

25 You're as stubborn as a mule.
頑固一徹ですね。

48 | 見下す態度を とられたら

Polite / 丁寧に

01　I'm sorry to ask you this, but why are you speaking to me like that?
すみませんが、どうしてそんなふうに私に話しかけるのですか？

02　I'm not sure how to take your comment; would you please explain the intent?
あなたの発言をどのように捉えたらいいか分からないので、すみませんが真意を説明してもらえますか？

03　So that I don't misinterpret your statement, would you please rephrase it?
誤解したくないので、もう一度おっしゃっていただけますか？

04　Your remarks are hurtful. Would you help me understand where they're coming from?
あなたの物言いは人を傷つけます。なぜそうなのか教えていただけませんか？

05　Am I hearing you correctly?
私はあなたの話を正確に聞いていますよね？

06　I wonder if I'm misunderstanding what I'm hearing.
私の理解が違っているのではないでしょうか。

07　No one likes being talked down to.
見下された態度で話されるのが好きな人はいません。

08　You may not realize how much your remarks hurt.
あなたの発言がどれほど人を傷つけているか、おそらく分かってないのではないですか。

09　Did I just hear you say [repeat the phrase back]?
今、…と言いましたよね？［相手の言ったことをおうむ返しに］

10　Are you trying to insult me or is there something else going on here?
私をコケにしたいのですか、それとも何かほかにお考えがおありですか？

Rude / ぞんさいに

11 **A little kindness would suit you better.**
もう少し優しくなさったらいかがですか。

12 **I wanted to talk things over with you, but it seems you're not open to that.**
お話ししたいのですが、あなたはそうではないようですね。

13 **I would appreciate a little more courtesy.**
もう少し礼儀をわきまえていただければ有難いです。

14 **Not everyone would agree with you, there.**
皆がみな、あなたに賛成というわけではありません。

15 **It's not very nice to talk down to people.**
人を見下して話すことは良いことではありません。

16 **I'd really like us to figure out a way to work together that doesn't hurt so much.**
何とかして、お互いがそれほど傷つかずにやっていく方法を考えたいのですが。

17 **That's so condescending—I thought you were a bigger person than that.**
居丈高ですね―もう少し大人だと思っていました。

18 **Nobody wins with that attitude.**
その態度では、誰の得にもなりません。

19 **Please don't speak to me that way!**
そんなふうに話さないでください！

20 **Why do you always make our encounters so difficult?**
なぜ会うと、いつもやりにくくなるのですか？

21 **Treating people like that will get you nowhere.**
そんなふうに人に接していては、どうにもなりません。

22 **That's no way to act. My opinion is as valuable as yours!**
それはないでしょう。私の意見もあなたの意見と同じように価値があります！

23 **You're trying to intimidate me/put me down; well, it isn't going to work.**
あなたは、私を脅しています・私をこき下ろしています。それじゃ、うまくはいきません。

24 **Do you always give an attitude to those who don't agree with you?**
意見が違う人には、いつもそんな態度で臨んでいるのですか？

25 **You don't have to be so contemptible, just because we don't agree.**
意見が違うだけで、そんなに卑劣になることはないでしょう。

26 **Why do you always look down your nose at anyone with a different opinion?**
違う意見の人をなぜいつも見下すのですか？

27 **Who do you think it's okay to insult me like that?**
そんなふうに私を侮辱していいと、本当に思っていますか？

28 **Can you talk without being quite so rude?**
そんなに無礼な言い方以外に、ほかの言い方はないですか？

29 **Don't you have any manners?**
マナーというものをご存知ですか？

30 **There's really no use talking to you, is there?**
これじゃ話しても意味がないですよね？

31 **I wish I could be as perfect as you are. [sarcasm]**
あなたのように完全無欠になりたいものです。［皮肉］

32 **Don't cop that "holier than thou" attitude with me.**
聖人ぶった態度で偉そうにするのはやめてください。

33 **Just who do you think you are?**
何様のつもりですか？

34 **No wonder you don't have any friends.**
間違いなく、友達は一人もいないでしょう。

49 | 脅されたら

PART3 対立と怒り

Tactful / 気をきかせて

01 Why are you being so hostile?
なぜそう敵意を持っているのですか？

02 That's an unwelcome statement.
それは歓迎されざるコメントです。

03 That's crossing a line—I'm sure you'll rethink things.
最後の一線を越えましたね―もう一度考え直したほうがいいと思います。

04 There's no reason to act like that—we're professionals, you know.
そのように振る舞う理由はないと思います―私たちはプロフェッショナルですよね。

05 Are you trying to upset me?
私を動揺させたいのですか？

06 Your words are unnecessary and hurtful.
あなたの発言は不要ですし、人を傷つけます。

07 I would like this to stop.
おやめいただけないでしょうか。

08 This is a waste of time; I'm walking away.
時間の無駄ですので、私は失礼します。

09 Are you sure you want to speak to me this way?
こんなふうに、私と話がしたいのですか？

10 Don't say something you'll regret later.
後で後悔するようなことは言わないことです。

11 Threats are just as harmful as actual violence.
脅しは実際の暴力と同様、人を傷つけます。

12 You don't know what you're saying.
何を言ったのか分かっていないようですね。

13 There is no excuse for incendiary comments like that.
人を焚きつけるようなその物言いは、許されるものではありません。

Blunt / ぶっきらぼうに

Tactful / 気をきかせて

14 I don't have time for this.
時間がありません。

15 I wouldn't provoke me if I were you.
私があなたなら、そんなふうに脅したりしません。

16 There's a line of no return in every relationship, and you've just crossed it.
どのような関係でも越えてはいけない一線がありますが、あなたは今それを越えてしまいました。

17 Your wits have obviously left you.
分別がないのは明らかです。

18 You're obviously delusional.
明らかに何かに取り憑かれてますね。

19 I won't hesitate to call the authorities if you continue in this vein.
こんな調子で続けるのであれば、責任者に連絡します。

20 Threatening me is not something you want to do.
あなたがやりたいのは、私を脅すことではないでしょう。

21 Are you aware of how much this is going to cost you?
これがどれほどの代償を払うことになるか、お気づきですか?

22 Do you know what you're risking?
何を危険にさらしているか、ご承知ですか?

23 I don't think you realize the damage you've already caused.
これがすでにどれくらいの損害か、お気づきにはなっていないですね。

24 You can't scare me with mere words.
単なる言葉では私を脅すことはできません。

25 If you think I'm frightened, you're mistaken.
私が恐れていると思ったら大間違いです。

Blunt / ぶっきらぼうに

Tactful 気をきかせて

26 **You make me laugh. [sarcasm]**
笑わせないでください。[皮肉]

27 **I won't hesitate to use force if I'm threatened.**
脅されたときは、迷わず力ずくで対抗します。

28 **I will counterattack if necessary.**
必要であれば反撃します。

29 **Come over here and say that again.**
こっちに来て、もう一度言ってみろ。

30 **I'm calling the cops.**
警察呼ぶぞ。

31 **Kiss my ass.**
くそくらえ。

Blunt ぶっきらぼうに

50 発言のあら探しをされたら

丁重に / Courteous

01 Well, I'll just have to disagree with you, there. [joking]
その点に関しては、反対せざるをえません。[冗談]

02 We all have different opinions; I'm sorry if I misspoke.
人それぞれ違う意見を持っていますから、失言があれば謝罪します。

03 I meant that to be constructive. Please don't take it any other way.
建設的な意見として申し上げました。それ以外の他意はありません。

04 My words were meant in a professional/kindly manner.
プロとして・良かれと思って、申し上げました。

05 There are better words than the ones I chose; however, I know you understood me.
もっとうまい表現があるかもしれませんが、お分かりいただいていることと思います。

06 Maybe my words were not the best, but you understand what I am trying to convey.
おそらく私の言い方はベストではないかもしれませんが、言いたいことはお分かりいただけると思います。

07 Sorry, I didn't think using such precise language was critical just now.
すみません、今この場でそんな厳密な言葉を使うことが重要だったとは、知りませんでした。

08 We're civilized people; what I've said shouldn't make us enemies.
私たちは文明人ですから、敵を作ることが意図ではありません。

09 I was merely stating my opinion.
自分の意見を言ったに過ぎません。

ぞんざいに / Rude

10 I was just saying....
ただ単に申し上げただけです…。

Courteous / 丁重に

11 I didn't expect you to take offense.
あなたを怒らせるつもりではありませんでした。

12 I'm not here to convince anybody.
誰かを説得するためにここにいるわけではありません。

13 I was just making an observation.
思うところを述べただけです。

14 My opinion is just as valid as your opinion.
私の意見も、あなたの意見と同様にもっともなものだと思います。

15 I was just making a simple statement.
簡潔に述べただけです。

16 I could sugar-coat it, but I don't think that's necessary.
耳障りのいい意見を言うこともできますが、それが必要とは思いません。

17 I think you're taking this too seriously.
深刻に考え過ぎです。

18 There's no need to work yourself up into a state.
そんなにのめりこむ必要はありません。

19 You shouldn't have such thin skin.
そんなに気難しくならなくてもいいでしょう。

20 Picking on me isn't going to change anything.
私を責めても何も変わりません。

21 My words may be imprecise, but I know what I said made sense.
私の言葉は不正確かもしれませんが、理にかなっていると思います。

22 I could say it differently, but why would I? You get what I'm saying.
違った言い方もできると思いますが、その必要はないと思います。私の言いたいことはお分かりでしょう。

Rude / ぞんざいに

23 **You wouldn't have any reason to pick on me if you made an effort to understand me.**
理解しようとしていただければ、私のあら探しをする理由はないはずです。

24 **I'm quite happy to spend all day defending my words, so you'd better get comfortable.**
正しい発言だということを一日中説明しても構いません、そうすれば満足なのでしょう。

25 **I just spoke my mind—what's the problem?**
思うところをそのままお話ししましたが―何が問題なのですか?

26 **Why can't you accept that we are two people who think differently?**
私たちの考えが違うということを受け入れてくれませんか?

27 **Why is it so hard to accept that we have differences?**
違うということを受け入れるのが、なぜそんなに難しいのでしょうか?

28 **Stop being so sensitive; there's a big world out there.**
神経質になるのはやめてください、世界は広いのですから。

29 **I tend to say what's on my mind—if you don't like it, I can't help you.**
思ったことをすぐに言う癖があるので―気に入らないのであれば仕方ありません。

30 **Are there instructions on how one ought to communicate with you? [sarcasm]**
あなたとコミュニケーションするためには、何かマニュアルのようなものがあるのでしょうか? [皮肉]

31 **I'm sorry if you were just too stupid to understand my meaning.**
あなたは頭が悪過ぎて、私の言っていることが分からないのですね、お気の毒に。

32 **My apologies, Your Majesty! [sarcasm]**
失礼いたしました、陛下! [皮肉]

51 嘘をつかれたら

01 You're pulling my leg, right? [joking]
またまた〜 [冗談]

02 Someone's pants are on fire! [joking]
嘘つき、嘘つき！ [冗談]

03 Honesty is the best policy. [scolding/joking]
誠実が一番でしょう。[怒りながら・冗談で]

04 Honesty is always the best policy, don't you think?
誠実がいつでも一番だと思いませんか？

05 I really wish I could believe what you're saying.
おっしゃることを信じたいです。

06 People who are straight with me garner my respect.
はっきり言ってくれる人だけを尊敬します。

07 I know it's hard, but please be straight with me.
難しいのは分かりますが、どうぞはっきり言ってください。

08 That's only making a delicate situation worse.
それは微妙な状況をさらに悪くします。

09 The truth will set you free.
真実こそがあなたを自由にします。

10 It's not fair to mislead people.
人を欺くことはフェアではありません。

11 You and I both know that's not true.
お互いにこれが正しくないことは分かっています。

12 How about telling me the truth instead?
私には本当のことを話したらどうですか？

13 Something doesn't add up here.
なんだか納得がいかないです。

Friendly 友好的に

14 Something's rotten in the state of Denmark. [joking]
何かが怪しい気がします。[冗談]（デンマークでは何かが腐っている。シェイクスピア『ハムレット』の引用）

15 How do I know you're lying? Because your lips are moving. [joking]
あなたはいつも嘘しか言わないので、嘘と本当の区別がつきませんね。[冗談]

16 What a tangled web we weave, when first we practice to deceive.
最初に人を欺くことを覚えたとき、人はなんと込み入った方法を考えたことか。

17 Lying won't get you anywhere.
嘘をついたところで、どうしようもないです。

18 You're only making things worse.
事態を悪化させているだけです。

19 I hate lies—and liars.
嘘は嫌いです―当然嘘つきも嫌いです。

20 Look me in the eyes and say that again.
私の目を見て、もう一度同じことを言ってください。

21 How about being honest for a change? [sarcasm]
気分を変えて、誠実になってみるというのはどうですか？［皮肉］

Combative 闘争的に

52 | ケンカを売られたら

PART3 対立と怒り

Conciliatory 柔軟に

01 I really don't want this to escalate—I'm sorry if I said the wrong thing.
これ以上、事態を悪くしたくありません―間違ったことを言ったのであれば謝ります。

02 If this is going to cause an altercation, I take it all back.
口論になるのなら、前言を取り消します。

03 I certainly didn't mean to offend you.
あなたを責めるつもりは、これっぽっちもありませんでした。

04 I hope what I said won't cause a rift between us.
私の言ったことで、お互いの間に溝ができないといいのですが。

05 I'd prefer to take the high road, here.
ここは、あるべき正しい方法で対処したいと思います。

06 I know you don't really want to pick a fight.
本当はケンカなんかしたくないでしょう。

07 Let's keep things professional/sophisticated/on the up and up.
プロフェッショナルらしく・洗練されたやり方で・物事を公明正大に、進めましょう。

08 Any relationship we have must be based on respect.
どのような関係も、尊敬の上に成り立っているものです。

09 A true professional puts his/her personal feelings on the back burner.
本当のプロフェッショナルであれば、個人的な感情は後回しにします。

10 There's still time to salvage the situation; it's up to you.
状況を変える時間はまだありますし、それはあなた次第です。

11 You don't have to act this way; a reasonable person wouldn't.
そのように振る舞う必要はありません。思慮深い人なら決してしないことです。

Engaged 受けて立つ

Conciliatory / 柔軟に

12 You're a professional—act like one.
あなたはプロフェッショナルです―自覚を持ってください。

13 I will not lower myself to your level.
あなたのレベルまで、自分を下げるつもりはありません。

14 Would you please lower your voice/change your tone/speak more respectfully?
声を低くして・声のトーンを変えて・敬意を持って話して、いただけませんか?

15 Think of someone other than yourself!
自分の都合だけではなく、ほかの人のことも考えてください!

16 Knock it off—I'm not going to engage with you!
やめてください―関わりたくありません!

17 Keep this up and you'll be on the outside looking in.
この調子で続ければ、仲間はずれになりますよ。

18 Let's stop now if you're going to be immature about it.
大人げないことを続けるのであれば、話はやめましょう。

19 Keep acting like this and you'll be looking for another [job/friend/spouse].
そんなことでは、仕事を・友達を・ご伴侶を、失いますよ。

20 Are you looking for a fight?
争いを探し求めているのですか?

21 I don't allow anyone to treat me this way.
誰にも、なめたやり方は許しません。

22 If you can't say anything nice, keep your mouth shut.
丁寧な口がきけないなら、へらず口は叩くな。

23 Looks like someone is cruising for a bruising.
あえて痛い目を見たい人がいるようですね。

Engaged / 受けて立つ

53 話に割り込まれたら

01 Please allow me to add just one more thing.
あと一つ、付け加えてさせてください。

02 Sorry, I've got one last point to make.
すみません、最後にあと一つ追加があります。

03 Please just let me finish and then you'll have the floor, I promise.
私の話を終えさせてください、その次にはお話しいただいて結構ですから。

04 Please let me continue.
続けさせてください。

05 If I could just go on.
このまま続けていいですね。

06 You're not letting me finish.
終わらせてもらってません。

07 May I finish my thought?
最後まで話させてくれますか？

08 Won't you allow me to conclude my point?
結論を話させてもらっていいですか？

09 If you would just let me get a word in edgewise.
私に話させてください。

10 I wasn't done yet.
まだ話は終わっていません。

11 If you'd just listen, all your questions would likely be answered.
しっかりお聞きいただければ、すべてのご質問への答えになっているはずです。

12 I have a very hard time communicating with you when you keep cutting me off.
そのように割り込まれ続けると、とてもコミュニケーションがしづらいです。

Civil / 礼儀正しく

13 I'd like to finish speaking if that's okay.
差し支えなければ、終わりまでお話ししたいのですが。

14 You don't seem to want to hear what I have to say.
私の話を聞きたくないようにお見受けしますが。

15 I'm okay listening to you, but are you okay letting me finish?
あなたのお話はお聞きしますが、私の話も終わりまで聞いてもらえますか?

16 I let you speak; now please listen to me for 30 seconds.
あなたも話して結構ですので、私の話も30秒でいいので聞いてください。

17 What I say doesn't really matter to you, does it?
あなたにとって私の話はどうでもいいのですね?

18 Do you care at all about what I have to say?
私の言うことをしっかり集中して聞いていただけますか?

19 For you to hear me, you'd first have to let me speak.
私の話を聞いていただくには、まずは話させていただけませんか?

20 Why do you interrupt all the time? Are you afraid of what I have to say?
なぜいつも私の話を途中で遮るのですか?私の言うことが怖いのでしょうか?

21 For someone who talks so much, you should know how to listen.
おしゃべりな人がいたら、聞き方を知らないといけません。

22 When it's your turn, I'll let you speak.
あなたの番になったら、どうぞお話しください。

23 Hold your peace until I'm done.
私が終わるまで口を閉じていてください。

24 Don't talk until I'm finished.
私が終わるまで、話さないでください。

Blunt / ぶっきらぼうに

礼儀正しく / Civil	**25 Please let me speak!** 私に話をさせてください！
	26 Be quiet and listen to me! 静かにして聞きなさい！
ぶっきらぼうに / Blunt	**27 Shut up already!** 黙れ！

54 | からかわれたら

01 I'm glad you had a laugh at my expense—can we move on? [joking]
私のネタで笑いがとれて嬉しいです―先に進みましょうか？ ［冗談］

02 Come on; just admit that you're jealous! [joking]
いやいや、私に嫉妬していると正直に言ったらどうですか！ ［冗談］

03 I can teach you a thing or two about jokes. [joking]
ジョークの言い方ってものを、一つ二つ教えてあげましょうか？ ［冗談］

04 Hey, what's so funny?
何がそんなにおかしいのですか？

05 Did you know that your humor can be hurtful to some people?
あなたのユーモアは、ときに人を傷つけることをご存知ですか？

06 You're just embarrassing yourself, you know.
あなたが決まり悪くなるだけでしょう。

07 You like laughing at people, don't you?
人を笑い飛ばすのが好きなんですね？

08 I don't appreciate the low blow.
卑劣なやり方は好きではありません。

09 It's no place for that kind of nonsense.
こんなナンセンスはありえません。

10 I don't like how you're behaving.
あなたのやり方は好きではありません。

11 Obviously, humor doesn't come naturally for you.
どうもユーモアがお得意ではないようですね。

12 Trying to be funny again?
また面白くしようとしたのですか？

13 What makes you think you can say that?
なぜそう言ってもいいと思ったのですか？

14 I don't like the way you're treating me.
私に対するそのやり方は好きではありません。

15 Why do you insist on bringing other people down?
なぜしつこく人の気分を害するのですか?

16 Maybe you should put those expectations of perfection on yourself.
ご自身にも、そんな完璧さを期待したほうがいいでしょうね。

17 Do you feel better now that you've laughed at me?
私を笑い飛ばして、気持ちよくなりましたか?

18 You've got a real talent—for stupidity, that is.
素晴らしい才能ですね―もちろん愚かさにおいて。

19 You're being immature, even for yourself.
周りから大人げなく見られますし、ご自身でもそう思うでしょう。

20 You're the one who looks ridiculous here, not me.
間抜けに見えるのはあなたです、私ではありません。

21 How original. [sarcasm]
あなたならでは、ですね。[皮肉]

22 I've always appreciated the way you make people feel comfortable. [sarcasm]
あなたがこうして、いつも人の気分をよくしているのを見て、感謝しています。[皮肉]

23 I'm sorry I'm not as clever as you. [sarcasm]
すみませんが、あなたほどずる賢くありません。[皮肉]

24 So glad I could entertain you. [sarcasm]
あなたを楽しませることができて嬉しいです。[皮肉]

25 I've heard that before, but from someone with an actual gift for humor. [zinger/sarcasm]
同じようなことを以前聞いたことがありますが、そのときは、ユーモアのセンスのある人からでしたよ。[うまい言い回し・皮肉]

26 **Sometimes I wonder if you have a brain at all. [musing]**
あなたには本当に脳みそがあるのだろうかと、ふと思ってしまいます。[しんみりと]

27 **Bravo, how professional. [sarcasm]**
ブラボー、これぞプロフェッショナル。[皮肉]

28 **It's not fair to have a battle of wits with an unarmed person—so I won't reply to that.**
知識の蓄えのない人との知恵競べはフェアではないので―返答しません。

55 | 批判されたら

Engaged / まじめに対応する

01 **That must have been hard to say; I appreciate your honesty.**
ご指摘すること自体、骨の折れることだと思います。真摯なご指摘に感謝します。

02 **Your opinion means a lot to me; thank you for offering it.**
ご意見は私にとって大変貴重です。お申し出いただき有難うございます。

03 **I appreciate the feedback and will take it to heart.**
ご意見有難うございます、真摯に受けとめます。

04 **You gave me a lot to think about, I appreciate that.**
たくさんのご示唆を頂戴しました、感謝いたします。

05 **Thank you so much for letting me know about this.**
ご教示いただき大変有難うございます。

06 **I'm glad you took the time to tell me these things.**
わざわざお時間を頂戴し、ご指摘いただき嬉しく思います。

07 **I will certainly take what you said into consideration.**
ご意見をしっかり考慮したく思います。

08 **I always like to hear a lot of opinions.**
常に多くのご意見をいただきたく思います。

09 **You seem really uncomfortable with differences—can we talk about that?**
意見の違いに納得いかないようにお見受けします―話し合いませんか？

10 **I like constructive criticism, but this seems a bit harsh to me.**
建設的なご批判は大歓迎ですが、今回は少し手厳し過ぎると思います。

Rejecting / 拒否する

11 **Your comments are usually right on, but they're not justified in this case.**
あなたのコメントはいつも的を射ていますが、この件には当てはまらないと思います。

Engaged / まじめに対応する

12 I don't think that's fair to say.
適切な発言ではないと思います。

13 Is it okay if people do things differently than you?
ほかの人があなたと違ったことをしてもいいじゃありませんか？

14 This isn't the right place to call someone out like that.
ここは、そんなふうに人にケンカを売るのに相応しい場所ではありません。

15 To each person his or her own flaws.
誰でも欠点はあります。

16 When you're pointing a finger at someone, you have four fingers pointing back at you.
誰かを指さして非難したときは、残りの指はあなた自身に向けられています。

17 You can't please everyone all of the time.
常にすべての人々を満足させることはできません。

18 Don't you think you're exaggerating, here?
大げさ過ぎると思いませんか？

19 Do you usually criticize people who are different than you?
あなたと違う意見の人を、いつも批判しているのですか？

20 You should take a look at yourself before you start judging others.
他の人を批判する前に、ご自身を省みてください。

Rejecting / 拒否する

21 I don't know where all this acrimony is coming from, but please don't direct it at me.
その辛辣さがどこから来たかは分かりませんが、私に向けないでください。

22 Doing this only brings you down in the eyes of others.
他の人から見れば、これはあなたの評判を落とすだけですよ。

23 People who live in glass houses shouldn't throw stones.
ガラスの家に住んでいる人は、石は投げません。(すねに傷ある身なら、他人の批判はやめたほうがいい)

24 I won't allow any judgments on that.
決めつけられるのはお断りします。

25 I would never allow myself to comment on that.
どのようなコメントもする気はありません。

26 I won't dignify that with a response.
あえて返答する気は、さらさらありません。

27 Don't you ever accept others as they are?
他の人をあるがままに受け入れたことはないのですか?

28 If I'm not welcome here, just let me know.
私が歓迎されざる客であれば、そうおっしゃってください。

29 You don't have to stick around if I bother you so much.
私が邪魔なら、構わなくて結構です。

30 If you have a problem with me, let's just get it out in the open.
私が問題なのであれば、はっきりそう言ってください。

31 If you're looking for perfection, you shouldn't hang out with me.
完璧を求めるのであれば、付き合わなくて結構です。

32 What gives you the right to judge me?
何の権利があって私を批判するのですか?

33 Who dictates the code of behavior here? You?
ここでの行動規範を命令するのは、あなたですか?

34 Before you criticize me, take a look in the mirror.
私を批判する前に、鏡を見てください。

	Engaged / まじめに対応する

35 **Do you think you're a great example?**
ご自身こそが素晴らしいお手本だとお考えですか？

36 **I would acknowledge your comments if I respected you.**
あなたを尊敬していれば、ご批判は甘んじて受けるのですが。

37 **There's only one problem here and it's you!**
ここにあるたった一つの問題、それはあなたです！

38 **Just keep on criticizing me; the entire world knows how perfect you are. [sarcasm]**
どうぞ私への批判を続けてください。それで世界中の誰もが、あなたがどれほど完璧か分かります。[皮肉]

39 **If I have to be like you to gain your respect, I don't want it.**
あなたのように振る舞わないと尊重してもらえないのなら、私はそうでなくて結構です。

56 | 守りに入られたら

Conciliatory / なだめるように

01 Please forgive me if I stepped on your toes; I did not mean to upset you.
差し出がましいようで恐縮ですが、あなたを困らせるのが目的ではありません。

02 I apologize if I hurt your feelings; it was not my intention.
ご気分を害したのであれば謝ります。そういうつもりではありません。

03 I didn't mean to offend you; it was only meant in jest.
あなたを責めているのではありません。冗談で言ったことです。

04 Come on, please don't take it like that.
いえいえ、そんなふうにとらないでください。

05 I was saying it for your benefit/because I care about you.
あなたのためを思って・あなたが気掛りだから、言いました。

06 Why do I get the feeling that I'm disturbing/upsetting you?
私があなたを、邪魔する・困らせる、つもりなわけないでしょう?

07 Why the defensiveness?
なぜ身構えるのですか?

08 Why are you taking this so hard? It's not as bad as you think.
なぜそんなに難しく考えるんですか? あなたが思うほど悪くはないと思います。

09 Giving and accepting advice is part of any relationship.
アドバイスを与え、受ける、これは人間関係の一つだと思います。

10 Let's discuss this when you feel better/calm down/can see more clearly.
あなたが、もっと機嫌のいいとき・落ち着いているとき・もっとクリアに考えられるとき、もう一度話し合いましょう。

11 I don't understand why you're expressing yourself this way.
あなたがなぜこんなやり方で考えを言い表すのか、私には理解できません。

Offensive / 責めるように

Conciliatory / なだめるように

12 There's no need to be so defensive—it's not that big a deal.
そんなに身構える必要はないと思います—そんなに大した問題じゃないです。

13 Why are you taking it like that?
なんでそんなふうに思うのですか?

14 Why do you attribute motives to me that don't exist?
なぜありもしない条件を持ち出して、私のせいにするのですか?

15 You shouldn't be so thin-skinned.
そんなに過敏にならないでください。

16 I see that you never let others disagree with you.
ほかの人に反対してほしくないだけでしょう。

17 I see that you never let anyone contradict you/speak into your life.
誰にも、否定されたくない・あなたの人生に入ってきてほしくない、ということですね。

18 Why are you so irritable?
なぜそんなに怒りっぽいのですか?

19 Why do you put up so many walls?
なんでそんなに(人との間に)壁を作るのですか?

20 Why must you always stonewall me?
なぜいつも協力を渋るのですか?

21 You're making a mountain out of a molehill.
些細なことを大げさに言い過ぎます。

22 If you were more secure with yourself, you wouldn't be so bummed about this.
あなたがもっと自信を持っていたら、このことにそんなふうに拘泥しないでしょうに。

Offensive / 責めるように

Conciliatory / なだめるように

23 This isn't an attack on you—it's a general statement, so too bad if you took it personally.
あなたを責めているわけではありません──一般的なことを言ったまでで、個人的に受け取られるとかないません。

24 You really need to let this go.
これに拘泥しないほうがいいですよ。

25 If only we were all perfect like you. [sarcasm]
皆があなたのように完璧だといいですけどね。［皮肉］

26 The truth hurts, I'm sure.
もちろん、真実を受け入れるのは辛いです。

27 I can't reason with you when you're like this.
あなたがそんな態度では、ちゃんとお話しできません。

28 It's impossible to have a conversation with you sometimes.
ときどき、あなたと話しづらくなります。

29 There's an 800 number I can recommend if you feel you need help with this.
助けが必要なら、無料電話相談の番号をお教えしましょう。

Offensive / 責めるように

57 | 疑いを持たれたら

01 You know you can always count on me.
いつでも私を頼りにしていいんですよ。

02 If there's anyone you can trust here, it's me.
あなたが信頼すべき人がいるとすれば、それは私です。

03 I'm the last person you should be doubting.
私を疑ったらおしまいです。

04 It's my first time in a situation like this.
こんなことは初めてです。

05 You aren't looking at me, are you?
私のことをちゃんと見ていませんね？

06 I've been through this before—have you?
前にもこんなことがありました—そうですよね？

07 What do you expect from me?
私に何を期待していますか？

08 Sorry if my past mistakes affected your opinion of me.
私に対するあなたの見方が、私の過去の失敗に影響されているなら残念です。

09 I give you the benefit of the doubt.
あなたにはまさに、疑わしきは罰せず、とします。

10 I've got that sinking feeling, too.
私も悪い予感がしています。

11 I'm sensing the uncertainty, too.
私も、よく分からないと感じています。

12 Listen, it may seem bad now, but it will get better.
お聞きなさい、今は悪いように見えますが、きっと良くなります。

13 I'm not comfortable with it, either.
私も気持ちがいいわけではありません。

PART3 対立と怒り

Assertive / 堂々と

14 What's the problem? My plan is unimpeachable.
何が問題ですか？私のプランは申し分ないでしょう。

15 If you want someone to doubt, look in the mirror.
誰かを疑いたかったら、鏡を見なさい。

16 Maybe you're the one with the problem.
おそらくあなた自身が問題なのです。

Defensive / 身構えて

58 | 質問の答えを避けられたら

01 And the answer is... [joking]
それでお答えは… [冗談]

02 If avoidance were an Olympic event, you'd win the gold medal. [joking]
オリンピック競技に「無視する」というのがあれば、間違いなく金メダルですね。[冗談]

03 It seems like we're having trouble focusing—let me say it another way.
焦点の当て方に問題があるようです—他の言い方をさせてください。

04 Okay, I'll put it a different way.
では違う言い方をしてみましょう。

05 Let's not dance around the issue any longer.
この問題をうやむやにするのはもうやめましょう。

06 Let's get to the heart of the matter.
問題の核心を議論しましょう。

07 Please try your best to answer me.
ベストを尽くして答えてください。

08 I was hoping your answer might be a little more specific.
お答えは、もう少し詳しいものと思っていました。

09 Okay, I'll say it again.
分かりました、もう一度言います。

10 Stop evading me, please.
避けるのはやめてください。

11 Please don't dodge the question.
私の質問を避けないでください。

12 You didn't answer my question.
私の質問に答えてくれていません。

Courteous / 丁重に

13 Do I need to repeat myself?
もう一度繰り返しましょうか？

14 Didn't you hear my question?
私の質問が聞こえませんか？

15 Aren't you going to give me an answer?
お答えいただけるのですよね？

16 Do you need to hear the question again?
もう一度質問しましょうか？

17 I would like a direct answer to my simple question.
私の質問は簡潔ですので、率直にお答えいただきたいのですが。

18 I'll repeat the question, but only one more time.
もう一度質問を繰り返しますが、この1回だけです。

19 Do you just not know the answer?
答えを単に知らないのですか？

20 You're dodging the question, aren't you?
質問を避けていますね？

21 How many times do I have to ask you?
何回質問すれば聞いてもらえるのでしょうか？

22 I didn't realize that I was asking the impossible. [sarcasm]
土台無理なことを訊ねていたとは知りませんでした。[皮肉]

23 Nice way to avoid my question.
質問をはぐらかすうまいやり方ですね。

24 Denial is not just a river in Egypt.
はぐらかすのはやめてください。(denial [否定する] が The Nile [ナイル川] の発音に似ていることから転じた、わざとぼかす意味のたとえ)

25 I demand an answer!
答えを要求します！

Rude / ぞんざいに

59 | 怒鳴られたら

01 Speaking calmly will make communicating with me much easier.
穏やかにお話しいただいたほうが、私とのコミュニケーションはずっと簡単にできます。

02 Maybe we need to take a breather, here.
お互いに深呼吸したほうがいいようですね。

03 There is no need to raise your voice.
声を荒げる必要はありません。

04 Yelling isn't necessary.
怒鳴る必要はありません。

05 It's very hard for me to communicate with people shouting.
叫んでいる人とコミュニケーションするのは難しいです。

06 You could be a little more understanding.
少しだけ思いやりをいただけませんか。

07 Try a little tenderness.
少し優しくしてください。

08 What have I done that you would feel the need to speak to me that way?
そのような話し方が必要だと思わせるようなことを、私が何かしましたか？

09 More diplomacy and tact would suit you better.
外交手腕や機転を利かすほうが、あなたらしいですよ。

10 How about being courteous?
礼儀正しくはできませんか？

11 How about being a little more civil?
もう少し丁寧にはできませんか？

12 You seem to be getting a little hot under the collar.
少し興奮気味にお見受けします。

13	**Why the raised voice?** なぜ声を荒げるのですか？
14	**I think you should go somewhere to calm down.** どこかで頭を冷やしてきたほうがいいと思います。
15	**Do you need to take a time-out?** 休息が必要ですか？
16	**You're going too far.** 行き過ぎです。
17	**Yelling will get you nowhere.** 叫んでもどうにもなりません。
18	**Breathe for two seconds.** 2秒間、息を吸ってください。
19	**Why be so hostile?** なぜそうも敵意むき出しなのですか？
20	**Why are you making such a scene?** なぜそんなに騒ぎ立てているのですか？
21	**You know, it doesn't hurt to be nice.** 穏やかにしたところで、別に傷つくことはありません。
22	**I also understand things when they are said softly.** 優しく話していただいても分かります。
23	**You're crossing a line, here.** あなたは、今まさに一線を越えています。
24	**Seriously, you should calm down.** 本気で言います、落ち着いてください。
25	**Show a little class.** 品位を保ってください。

26 Why make such a scene?
なぜ、そんな醜態を演じるのですか？

27 Are you aware that you're screaming?
自分が叫んでいるのに気づいてますか？

28 Talking that loudly doesn't make you any smarter or more convincing.
大声を出したところで、あなたが利口に見えるわけでも、説得力が増すわけでもありません。

29 What is this supposed to accomplish?
これで何か成し遂げられますか？

30 Is that it? Are you done yelling now?
これで全部ですか？叫び終わりましたか？

31 I'm surprised by even that much tact out of you. [sarcasm]
こんな如才なさがあったとは驚きです。[皮肉]

32 What eloquence. [sarcasm]
雄弁ですね。[皮肉]

33 Keep talking that loudly and you'll be talking to an empty room.
そのまま大声でお話しください、じきに誰もいなくなりますから。

34 I refuse to let anyone speak to me like that.
そんなふうに話されるのはお断りです。

35 I've heard enough—bye!
もう十分です―さようなら！

60 悪態をつかれたら

CD 161

01 Whoa, easy with the language! [joking]
おいおい、言葉に気をつけてくれよ！［冗談］

02 My virgin ears! [joking]
なんてひどい言葉！［冗談］

03 You're better than that.
君はもう少しましだろう。

04 A little diplomacy can go a long way.
もう少し世渡り上手のほうが先々役に立つでしょう。

05 There are other ways to say that.
ほかの言い方もあると思いますよ。

06 This kind of behavior doesn't suit you well.
こんなやり方はあなたには似合わないですよ。

07 It's not really nice to say that.
その言い方はいただけないですね。

08 That kind of talk is unnecessary.
そんな話し方は必要ありません。

09 You've disappointed me.
がっかりしました。

10 I'm not feeling comfortable with you right now.
今はまさに、一緒にいても心地よくありません。

11 We can come back to this when you calm down.
あなたが落ち着いたら、また話しましょう。

12 Losing control never solves anything.
カッとしてうまくいったためしはありません。

13 Is it really necessary to say that?
言う必要がありますか？

Subtle / あっさりと

14 How about being nice?
いい人にはなれませんか？

15 How about being a little civil?
もう少し、丁寧にはできませんか？

16 Well, that's offensive!
けんか腰ですね！

17 Watch your language, please.
言葉に気をつけてください。

18 In case you were not aware, we speak politely around here.
気づかないと困るのですが、ここでは行儀よく話すことになっています。

19 If you can't say something nice, don't say anything at all.
悪口以外言えないなら、何も言わないでください。

20 You're belying your education/upbringing when you talk like that.
そんなふうに話すと、学歴を・育ちを、裏切ることになりますよ。

21 I don't understand how you can take pleasure in being rude.
そんな失礼なやり方のどこが楽しいのか分かりません。

22 It must be exhausting to carry around so much anger inside.
そんなにいつもプンプンしていたら疲れるでしょう。

23 Why are you being so offensive?
なぜそう突っかかってばかりいるのですか？

24 Can't you speak without being vulgar?
がさつにしか話せないですか？

25 Do you ever think before speaking?
一旦考えてから、話し始めたことはありますか？

Aggressive / がっつりと

26 What does it gain you to be nasty like that?
そんなに意地悪くしたところで、何になります?

27 Keep speaking like that and you'll be talking to yourself.
その調子で話し続けていれば、そのうち誰も聞いてくれなくなります。

28 I'm overwhelmed by your abundant tact. [sarcasm]
あなたの見事なやり方に圧倒されました。[皮肉]

29 Congratulations, how intelligent. [sarcasm]
おめでとうございます、知的ですね。[皮肉]

30 Knock it off!
いいかげんにやめろ!

61 | 話題を変えられたら

01 **Good point—we'll get back to that in a second.**
いいご指摘です—もう少ししたらその点に戻りましょう。

02 **Let's get back to what we were talking about.**
さっき話していた点に戻りましょう。

03 **Let's get back to the subject at hand.**
目の前にあるこの件に戻りましょう。

04 **I feel that we're slightly off topic now.**
本題から少しズレているように思います。

05 **Let's stick to the agenda before moving on to new topics.**
新しい話題に移る前に、アジェンダに従って進めましょう。

06 **I think we were still talking about X, no?**
まだXの話が終わっていませんよね？

07 **There's no use moving on until we're finished with the subject at hand.**
今の議論を終わらせる前に、次の議題に移っても意味がありません。

08 **I think we're veering too far afield from the issue at hand.**
方向転換のし過ぎで、議論すべきポイントからずっと離れてしまったと思います。

09 **It seems to me that we weren't speaking about that.**
その件について話していたのではないと思います。

10 **You seem to be deflecting the main issue.**
問題の核心を歪めているように思います。

11 **It seems like you're trying to muddy the waters.**
事態を混乱させようとしているように見えるのですが。

12 **Is this topic really along the same lines?**
これは本当に関連する話題ですか？

13 That has nothing to do with the current conversation.
これは今の議論とは何の関係もありません。

14 You're approaching this conversation as though it were a monologue.
まるで独り言を言っているように、この議論に参加していますね。

15 I don't think we've resolved the issue yet, do you?
まだ問題は解決していないですよね？

16 Talking to you is like being in a revolving door.
あなたと話すと、（議論が際限なく続いて）まるで回転ドアの中にいるようです。

17 I think you're just trying to confuse the issue.
単に問題を混乱させているだけのように思います。

18 Please don't change the subject.
話題を変えないでください。

19 Don't try to divert the conversation.
議論の方向を逸らさないでください。

20 I feel like I'm talking to a brick wall.
まるでブロック塀に話しかけているように感じます。

21 I wasn't done yet!
私の話はまだ終わっていません！

62 | 侮辱されたら

Civil / 礼儀正しく

01 You seem a little anxious/overworked/upset—what can I do to help?
あなたは、何か気掛りなことがある・働き過ぎ・取り乱している、ようです―何か私にできることはありますか?

02 Whoa, let's keep this sophisticated! [joking]
いやはや、この上品な調子で進めますか? [冗談]

03 I like the polite version of you much better!
礼儀正しいあなたのほうが、ずっといいです!

04 Aw, that wasn't very nice.
おやまあ、それはお粗末ですね。

05 I think you're exaggerating a bit, here—don't you?
それは、少し言い過ぎだと思います―そう思いませんか?

06 I really don't want to argue with you.
あなたと口論はしたくないんです。

07 Please be more careful with your choice of words.
どうぞ言葉の選び方にもっと注意してください。

08 This isn't the right place to call someone out like that.
ここは人をそのように批難するのに適した場所ではありません。

09 What did I ever do to you to warrant that?
そのように言われる筋合いはありません。

10 Why are you being so rude?
なぜそんなに失礼なのですか?

11 Is it really necessary to say that?
そんなことを言う必要が本当にありますか?

12 I can't do much when someone is speaking to me like that.
そのように話してくる人に対して、できることはほとんどありません。

Bold / 厳しく

13 **I always treated you with respect. What's the problem?**
私はいつも尊敬の念を持ってあなたに接しているはずです。何が問題なのですか？

14 **There are some things that just shouldn't be uttered.**
言ってはいけないことがあります。

15 **I never allow anybody to talk to me this way.**
私に対してそのような話し方をすることは、誰であろうと許しません。

16 **This is going too far.**
行き過ぎです。

17 **I don't have to stick around for this.**
こだわるつもりはありません。

18 **I don't want to hear you talk like this ever again.**
そんなふうに話すのを、もう二度と聞きたくありません。

19 **Keep on crossing the line and I'll ... !**
このまま一線を越すなら、私は…しますよ！

20 **If you're tired, go to take a nap.**
疲れているのなら、仮眠をとってください。

21 **Just tone it down, okay?**
声のトーンを下げてください、いいですね？

22 **Knock it off!**
いいかげんにやめろ！

23 **Bravo, what diplomacy. [sarcasm]**
ブラボー、大した外交手腕だ。［皮肉］

24 **Have fun insulting me; obviously we're all here for that. [sarcasm]**
私を侮辱してせいぜい楽しみなさい、そのために私たちはここにいるんだから。［皮肉］

63 | 暴力に訴えられたら

Conciliatory / なだめるように

01 Violence is never the answer.
暴力は決して解決策にはなりえません。

02 I thought you had more respect for me.
私のことをもっと尊重してくれていると思っていました。

03 This behavior will not benefit anybody.
こんなことをしても、誰のためにもなりません。

04 I don't appreciate you hitting me.
殴られるのはご免です。

05 Please don't put your hands on me.
私に手をかけないでください。

06 Keep your hands to yourself, please.
手を出さないでください。

07 You've definitely crossed the line of respect.
あなたは確実に、人の尊厳に関する一線を越えました。

08 I think you really need help.
あなたは助けが必要です。

09 Clearly you have a problem.
明らかにあなたは問題を抱えています。

10 You need to relax.
リラックスしてください。

11 You can lose your job for this.
仕事を失いますよ。

12 This is the last time you'll ever do that.
これを最後にしてください。

13 What you did can put you in jail.
手が後ろに回りますよ。

Threatening / 脅すように

Conciliatory / なだめるように

14 Stop this right now.
今すぐやめてください。

15 I will not tolerate that again.
もう二度と大目には見ません。

16 Hey, you've crossed the line!
おい、やり過ぎだ！

17 Get a hold of yourself.
しっかりしてくれよ。

18 I'm tempted to knock you into yesterday.
ぶん殴るぞ。

19 Are you happy now? [sarcasm]
今、幸せ？［皮肉］

20 Do you treat everybody like this?
誰に対しても、こうなのですか？

21 If you come at me again, I will retaliate, I promise.
次にかかってきたら、必ず仕返しします。

23 Touch me again and I'm calling the police/authorities/HR.
もう一度触れたら、警察を・当局を・人事を呼びます。

24 That was quite possibly the worst mistake you've ever made in your life.
人生で一番最低の失敗になり得るね。

25 Do that again and I'll ruin your life.
もう一度やったら、人生をめちゃくちゃにしてやる。

26 I'm calling the cops.
警察を呼びます。

Threatening / 脅すように

Conciliatory / なだめるように

27 You're finished here.
あなたはここで終わりだ。

28 Care to see my black belt?
黒帯が見たいのか？

Threatening / 脅すように

PART 4

外交

Diplomacy is the art of letting someone have your way.
___Daniele Vare

外交とは、周りの人を従順に従わせる技術だ。
———ダニエル・ヴェール（イタリアの外交官）

introduction

外交官とは、高度に専門的なスキルを身につけ、しかも、信じられないほど難しい国際間のミッションを遂行しなければならない職業です。彼らの活躍の場の多くは公になっているので、「敵の目をかいくぐってスパイ活動をする」ことは、実はそれほど容易なことではありません。もしあなたが、業務上、外交官さながらの戦術を駆使しなければいけないときは、次の4つのヒントが役に立つでしょう。

1 信頼を勝ち得る

例えばあなたが領事や外交官で、政府の利益を代表しているとします。様々な会議は交錯し、職務は複雑であり、扱いにくい多くの問題を協議したり解決したりすることが求められます。しかもできるだけ友好的に物事を進めなければならないのです。そこであなたがリーダー然として話すことができたなら、つまり、自信にみなぎり、礼儀正しく、威厳に満ち溢れ、そして何より誠実さがにじみ出ていれば、あなたは信頼を勝ち得ることができ、その見返りとして重要な情報を手に入れることができるわけです。

2 コミュニケーションスキルを磨く

ジムに通って身体を引き締めるように、あなたのコミュニケーションスキルに磨きをかけてください。話し方やコミュニケーションに関するコースや授業を受け、ドキュメンタリーやインタビュー番組を観て、その道の専門家のスピーチをポッドキャストなどで集中して聴いてください。新しい表現で面白かったり、惹きつけられたり、とても説得力があるようなものに出会ったら、必ずメモしておいて実際に使ってみてください。それがあなたのコミュニケーションにおいて強みになります。

3 あえて曖昧にする技術

真実をいつ話すのか、それは真実の全体を話すのか、あるいは真実だけしか話さないのかなどを見極めることが外交官にとっては大切であり、場合によっては、あえて真実を構成する要素の一部だけを、しかもあるタイミングで話すという判断も必要になります。ジャーナリストで外交問題に詳しかったキャレー・マクミラン氏は、冗談めかしてこう話しています。「外交官になるには、何カ国語も駆使できないといけないが、中でも、人を欺いたり煙に巻いたりする言語は必須だ」。また、詩人のエミリー・ディケンソンは書いています。「真実をそっくり語りなさい、但し斜めに」。

4　プレッシャーに強く見せる──実際はそうでなくとも

　チャーチル元英国首相は、極度の緊張やストレスのかかる政治的状況の中でも、驚くほどの能力を発揮したリーダーです。それはチャーチルがリーダーの言葉を駆使できたからであり、加えて外交においても、ユーモアを忘れなかったからです。ヒットラーの独裁政治に対峙したときにも、チャーチルはこう言いました。「ワニの言う通りにエサをやれば、その場はしのげるだろうが、最後は自分が餌食になるのをみすみす望んでいるようなものだ」。チャーチルは慣用表現を使いこなし、自分のメッセージを効果的に表現する方法を知っていました。チャーチルの例にならえば、どのような交渉の場面においても誰もが成し遂げたいこと、すなわち、どうすれば人々を素早く自分の意見に惹きつけることができるかが分かります（実際の交渉の場での表現は、PART5もご参照ください）。

64 | 議論の始め方

Friendly / 友好的に

01 I love a lively debate! Let's talk about our new project.
私は活発な議論が好きです！新プロジェクトについて話しましょう。

02 There's no time like the present to discuss this.
議論するのは今しかないでしょう。

03 I'd love to have your take on this.
お考えをお聞かせいただけると嬉しいです。

04 Let's open this up for debate, shall we?
議論を始めましょう、よろしいですか？

05 Please speak freely—I think we'll work better that way.
自由に話しましょう—そのほうがうまくいくと思います。

06 I'd like for us to bat around some ideas for a moment.
少しの間、あれこれ議論してみたいと思います。

07 I've wanted to talk with you about this for a long time.
この件に関して、ずっとあなたとお話ししたいと思っていました。

08 Only by talking things through can we help one another succeed.
しっかり話すことが、お互いの成功に繋がります。

09 I want to listen and I want to understand.
いろいろな意見を聞いて、理解したいです。

10 I'd like for us to elaborate a bit on our new project.
新プロジェクトについて、もう少し詳しく説明したいと思います。

11 The topic is now open for discussion.
それでは今から議論を始めましょう。

12 I know our discussions will end up being constructive.
私たちの議論は、建設的な内容になるでしょう。

Confrontational / 対立的に

13 Our discussions have always led us toward an amicable solution.
私たちは議論することで、いつも友好的な解決にたどり着いてきました。

14 I'm not looking to simply talk; I'm looking to make something happen.
ただ話すだけではなく、何かが起こることを期待しています。

15 The topic for this session is our new project.
このセッションのトピックは我々の新プロジェクトについてです。

16 I suggest we all share our views about our new project.
新プロジェクトに関して、皆さんそれぞれの意見をシェアしてはいかがでしょうか。

17 Let's dive into the subject of our new project.
新プロジェクトについての議論を、早速始めましょう。

18 I'm hoping we can come to an understanding about our new project.
新プロジェクトに関して、共通の理解が得られればと思っています。

19 Whatever results from our discussions will be just fine.
議論の結果がどうあれ、それはそれでいいと思います。

20 Real discourse can only help us during tough times.
腹を割って話すことが、難局を乗りきる唯一の方法になり得ます。

21 A good rivalry will only make us both stronger.
よい競争相手がいれば、お互いに強くなります。

22 Anything we discuss must lead to positive results.
どのような議論であれ、積極的な結論が出ないといけません。

23 Dialogue is absolutely necessary.
対話は絶対に必要です。

24 We should all be able to express ourselves without fear.
何も恐れることなく自身の意見を述べることができなければなりません。

25 I want to eliminate all ambiguities and remove all objections.
曖昧さを取り除くと同時に、すべての反対も取り除きたいと思います。

26 Let's each go over our side of the argument.
（まずは）私たちの側の議論を、それぞれが考えてみましょう。

27 We'll all feel better if we eliminate the complexities right from the start.
最初の段階で複雑なところを取り除けば、(議論が)進めやすくなると思います。

28 Any discussion we have needs to lead to something concrete.
（私たちの行う）どのような議論も、具体的な何かを導き出すものでなければなりません。

29 Let's begin this by first recognizing the problem(s) we face.
最初に私たちが直面している問題を認識することから始めましょう。

30 I hope nothing negative will come from our discussions.
私たちの議論から否定的な結果は出てこないことを望みます。

31 I have a hard time getting past our differences—how can we fix that?
意見の相違を乗り越えるのは大変ですね—どうやってこれを解決しましょうか？

32 I'm okay with an open discussion—are you?
包み隠さず議論しましょう—よろしいですよね？

33 Let's hash this out right now.
徹底的に今議論しましょう。

34 Well, we have to hammer this out sooner or later, so it might as well be now.
遅かれ早かれ決着をつけないといけないのですから、今やってしまいましょう。

35 Let's just get this out in the open, shall we?
包み隠さず議論しましょう、いいですよね？

65 | 議論のまとめ方、終わり方

01 **I am so glad we talked!**
話ができて、とてもよかったです！

02 **I feel really good about today's conversation.**
今日の会話には、とても満足しています。

03 **I vote that we wrap up the proceedings and go out for a beer.**
そろそろ終わりにして、ビールでも飲みに行くことに一票です。

04 **I can't take in any more information—my brain is fried! [joking]**
もうこれ以上、情報を入れることができません—脳がくたくたです。[冗談]

05 **It's okay that we don't see eye to eye—in fact, it keeps things interesting.**
意見が完全に一致しなくともいいのですよ—実際、そのほうが面白いです。

06 **The danger of continuing our little talk is that I might never want it to end.**
こうして話していると、ずっと続けたくなってしまいます。

07 **I believe everything has been resolved—any final words?**
すべて解決することができたと思います—何か最後に一言、言いたい方はいますか？

08 **Seems like we're back on track; I say we end things here.**
これで予定通りに戻りました—ここで終わりにしましょう。

09 **Maybe we can revisit this at a later date—what say you?**
追ってまたこの件は再度議論しましょう—いいですね？

10 **I could listen to you for hours, but I just don't have the time.**
何時間でもお話を聞くことはできますが、今は時間がありません。

11 **I learned a lot talking to you, but I have another engagement.**
お話から多くのことを学ばせていただきましたが、あいにく次の約束があります。

12 I'd like to continue with this, but I'm late for next meeting.
続けたいのはやまやまですが、次の会議に遅れてしまっています。

13 This conversation will take more time than I have right now.
この会話は、思ったより長くかかり、今それに費やす時間はありません。

14 Let it read in the minutes that we closed the debate at 11:30.
「議論は 11:30 に終わった」と議事録には書けるようにしましょう。

15 Thank you, but this subject is now closed.
有難うございます、この議論は終了しました。

16 There's really no reason to continue, is there?
続ける理由がありませんが、どうですか?

17 It's not an argument that has an easy solution.
簡単な解決策の出る議論ではありません。

18 For now, we'll have to agree to disagree.
今は、お互い同意しないことに、同意しましょう。

19 Sorry, I can no longer bring anything helpful to this debate.
すみませんが、これ以上議論のお役には立てません。

20 People smarter than we are don't agree on this—let's just drop it.
私たちより頭の切れる人たちが同意できないのですから—この話はやめておきましょう。

21 I know the usual outcome of this kind of exchange, so I'd rather avoid it.
このような意見交換の場で、どんな結果が出るかは大体分かっていますから、むしろ(議論は)避けたほうがいいと思います。

22 **If we continue in this vein, the conversation will end badly.**
この調子で話していくなら、会話は気まずい方向で終わるでしょう。

23 **My conviction that we should continue this discussion is rapidly diminishing.**
議論を続けようという思いが、急速にしぼんできています。

24 **To close these talks would be a blessing to everyone involved, I think.**
この議論を終わりにすれば、皆さん嬉しいと思います。

25 **There's really no point in continuing.**
続ける理由がありません。

26 **Let's terminate the proceedings.**
これ以上進めるのはやめましょう。

27 **I will not continue with this for another minute.**
もう1分たりとも続けません。

28 **I think we've crossed a line, here.**
超えてはいけない限界を超えました。

29 **This is a dead-end subject.**
議論は尽くしました。

30 **That's it, I'm walking out.**
もう終わりにして、ここを出ますよ。

31 **This conversation is over.**
もう会話は終了。

32 **I'm outta here!**
もう出て行きます！

66 | スピーチの始め方

Formal / フォーマルに

01 Ladies, gentlemen, and honored guests...
お集まりの紳士淑女の皆さま、そしてゲストの方々、…

02 My dear brothers and sisters...
私の愛しの兄弟、姉妹よ、…

03 With solemnity in my voice...
厳粛に申し上げます、…

04 With the greatest humility...
謹んで、申し上げます、…

05 Thank you for coming, all of you.
皆さま、お集まりいただき有難うございます。

06 I am filled with gratitude to be speaking with you today.
今日、こうして皆さまにお話しできることを感謝いたします。

07 It is not by happenstance that we are all together today.
私たちが今日ここに集ったのは偶然ではありません。

08 On behalf of Mr.Smith, I'd like to begin by saying...
スミス氏になり代わりまして、…について一言最初に申し上げます。

09 This is an auspicious occasion for everyone involved.
皆さまにとりまして、今日はとても縁起の良い日です。

10 I would like to start by saying...
今日はここからお話ししたいと思います、…

11 I will begin by offering a simple acknowledgment/ homage to Mr.Smith.
まず最初に、スミス氏に対しまして、感謝・敬意を表したく思います。

12 I stand here before all of you with an open mind and an honest heart.
心を開くとともに、誠実に、皆さまの前に立っております。

Casual / カジュアルに

Formal / フォーマルに

13 **There's a time when one ought to use precisely the right words, and that time is now.**
人は時として、正確な物言いをしなければなりませんが、それがまさに今です。

14 **This is a proud day for Mr. Smith.**
今日は、スミス氏にとって、まさに名誉な日です。

15 **Let me begin with a simple thought.**
ちょっとした思いを披露するところから始めさせてください。

16 **Before I begin, I would like to say that I am very happy to see all of you here today.**
始める前に、今日こうして皆さんにお会いすることができて大変嬉しいです。

17 **I've got a few points to make here today, so please bear with me.**
今日はいくつかの話をいたしますので、我慢して聞いてください。

18 **Now that I've got you all cornered [joking], I'd like to start by saying...**
さあ、皆さんをコーナーに追い込んだので [冗談]、…と申し上げるところから始めましょうか。

19 **Hello, all! I will start by introducing myself.**
こんにちは、皆さん！まずは自己紹介から始めます。

20 **I promise this'll be short and sweet!**
私の話は簡潔ですから、ご心配なく！

21 **Ladies and germs... [joking]**
淑女と病原菌の方々、… [冗談]

Casual / カジュアルに

67 スピーチの終わり方

Formal / フォーマルに

01 I am filled with gratitude that I was able to speak with you today.
今日は皆さんにお話しさせていただくことができ、心より感謝申し上げます。

02 It has been an honor speaking with you today.
本日お話ができて大変光栄です。

03 Thank you for allowing me to speak to you today.
本日は、お話しさせていただき有難うございます。

04 I will end by acknowledging our mutual commitment to the [company/project/cause].
最後に、会社・プロジェクト・理念に対する、お互いのコミットメントを確認して、結びの言葉としたく思います。

05 In closing, allow me to reiterate one last time…
最後にもう一度繰り返させていただきます、…

06 Allow me to close by recapping my major points.
最後に主要なポイントをまとめさせていただきます。

07 I will close by saying…
最後に一言、…

08 As Theodore Roosevelt said, "Keep your eyes on the stars but keep your feet on the ground."
ルーズベルト元アメリカ大統領は言いました、「目は星を追い、しかし足は地につけて」。(理想を追うことは大切だが、現実的に対処も忘れてはいけない、の意味)

09 I expect a fair number of questions, so let me turn the podium over to you.
たくさんご質問があるかと思いますので、ここからはどうぞ、皆さんが講演台をお使いいただく番です。

10 I appreciate your attention; I hope you all have a great day/night.
ご清聴有難うございます、どうぞ素晴らしい一日・夜をお過ごしください。

Casual / カジュアルに

11 The best way to end is with a few questions—ones that I hope I have answers to. [joking]
いくつかのご質問で締めるのがベストな終わり方かと思います—もちろん私が答えられる簡単なものがいいですが。[冗談]

12 And now for the Q & A.
では質疑応答に移ります。

13 All good things must come to an end. [joking]
どんなに良いことにも終わりはくるものです。[冗談]

14 So I guess this is the way this speech ends—not with a bang, but with a whimper. [joking]
これで私のスピーチを終わります、決して大げさではないですが、しかし多少はお名残り惜しく。[冗談]（エリオットの詩の引用）

15 Thank you, you've been great!
有難うございます、ご清聴感謝いたします！

68 | 誰かを非難する

Tactful / 巧妙に

01 I truly don't mean to offend you, but something has come to my attention.
あなたを責めるつもりは全くないのですが、一つ気になることがあります。

02 An unfortunate situation has come up that I need to talk to you about.
残念なことがありまして、お話ししなければなりません。

03 It's really hard for me to say this, but...
話しにくいことなのですが、実は…

04 If I didn't care about you, I wouldn't say this...
あなたのことがどうでもよければ、あえてお話しすることではないですが、…

05 It's not my place to point fingers, but...
私が非難するべきことではないですが、…

06 I regret that I have to be so direct, but...
直接的な表現で恐縮ですが、…

07 It's difficult for me to accuse you of anything, but...
どんなことであれ、あなたを非難するのは難しいのですが、この件は…

08 I would be remiss if I didn't bring this to your attention.
これを注意申し上げないと、私の怠慢になると思います。

09 There's something I need to confront you about.
あなたに議論を挑まなければなりません。

10 You need to take responsibility for your conduct.
自分の行いには責任を持たないといけません。

11 With all due respect, I know you did this.
失礼ながら、これをやったのはあなたですね。

12 There's no smoke without fire.
火のないところに煙は立たないものです。

13 It's time you faced the music.
潔く結果を受け入れるときです。

Blunt / ぶっきらぼうに

14 **Will you never admit to your wrongs?**
ご自身の間違いを認めないつもりですか？

15 **Don't you feel guilty?**
やましい気持ちはないのですか？

16 **I blame you.**
言わせていただきます。

17 **You're at fault here—just admit it.**
あなたが非難されるべきです—しっかりそう認めてください。

18 **I'm calling you out.**
あなたの間違いを指摘します。

19 **It's all your fault.**
あなたのせいだ。

20 **'Fess up!**
やったことは認めろ！

21 **If it walks like a duck...**
真実はどうあろうと。（認めろと言ったら認めろ）

69 | コンセンサスを求める

Civil / 礼儀正しく

01 I think we can work something out if we all worked together.
一緒にやれば、何とかなると思います。

02 Compromise can form a bridge between our differences.
互いに歩み寄ることで、違いが乗り越えられると思います。

03 With solidarity, we can conquer any problem.
団結すればどんな問題も克服できます。

04 The question is a tough one; all the better to form a consensus.
難しい問題ですから、なおさらコンセンサスが必要です。

05 We'll succeed if we find common ground.
共通の理解が得られれば、私たちは成功します。

06 I am positive we can come to an accord.
必ず合意できると思っています。

07 I know that we can come to a compromise.
必ず歩み寄ることができると思っています。

08 It's time that we all came together and made this happen.
今こそ、一緒に行動を起こすべきときです。

09 It's vital that we forge a consensus.
コンセンサスを形作ることが重要です。

10 I think we'd all agree that we need a unified solution.
皆が納得する解決策が必要なことに、誰も異存はありません。

11 This issue is complex, but good things will happen if we come to a consensus.
この問題は複雑ですが、コンセンサスが得られればうまくいくと思います。

12 Collaboration is the only way forward at this time.
協働しなければ、今は物事が進みません。

Forceful / 強制的に

PART4 外交

Civil / 礼儀正しく

13 At the end of the day our needs are all the same.
結局私たちの求めるものは同じなのです。

14 My options are completely open—are yours?
私はどんな意見でも受け入れます—あなたはどうですか？

15 It's time to make some concessions.
そろそろ、いくらか譲歩しましょう。

16 Let's seek an accord right now.
さあ、合意できるところを一緒に探しましょう。

17 There's no need for complete capitulation on either side.
別に完全な合意が必要なわけではないのです。

18 We need to get on the same page before coming to an agreement.
最終的な合意に達する前に、互いの理解に齟齬がないように確認する必要があります。

19 Try to see it another way so that we can come to an agreement.
違う角度から見れば、同意に達することができると思います。

20 To solve this problem, everyone involved needs to be willing to give in a little.
問題の解決のために、関わっている全員それぞれが、少しずつ譲歩する必要があります。

21 Why can't we all get on the same page?
皆が同じ考えになれないでしょうか？

22 If no agreement comes out of this, nobody benefits.
合意に達することができなければ、誰の得にもなりません。

23 Either we come to an accord, or we have a serious problem.
合意に達するか、深刻な問題が残るかのどちらかです。

Forceful / 強制的に

24 Nobody wins if everyone loses.
（コンセンサスがないなら）全員が敗者です。

70 意見の違いを述べる

Accepting / 相手を受け入れながら

01 If we all agreed on everything, what would be the point of talking? [joking]
全部に同意していたとしたら、何も話すことはないですよね？［冗談］

02 We obviously have a difference of opinion, and that's okay.
私たちの意見が違うことは一目瞭然ですが、それはそれでいいのです。

03 I certainly understand why you would think that—tell me more.
そのようにお考えになることはよく分かります―もう少しお聞かせください。

04 You seem to know a lot about this—but how can you be so sure?
この件に関してお詳しいようですが、なぜそんなに自信をお持ちなのですか？

05 There's probably room for some interpretation/nuance here.
おそらく、別の解釈の・微妙な違いの、余地がありますね。

06 I'm sure we will come to an agreement in time.
時が来れば、合意できると思います。

07 Just because we don't agree on everything doesn't mean that we can't agree on something.
すべて合意できないといっても、合意できることが何一つない、ということではありません。

08 Both of us clearly have misgivings, but let's try to move forward.
お互いに懸念があるのは否めませんが、前に進みましょう。

09 I understand how you see it; I just see it differently.
ご意見は分かりますが、私は違う見方をしています。

Rejecting / 相手を拒みながら

10 We're not speaking the same language yet—let's try harder.
まだ考えに隔たりがあるようですね―もう少し突っ込んで（話して）みましょう。

11 Do you think we could meet somewhere in the middle on this?
どこか中間に妥協点はありますか？

12 In your opinion, how can we best reach common ground?
共通の認識に立てる一番の早道は、どうすることだとお考えですか？

13 Let's not get bogged down by a small difference of opinion.
小さな意見の違いで立ち止まるのはやめましょう。

14 What do we need to do to come to an agreement?
合意するためには何をすればいいですか？

15 If I may react/respond to that.
お応えしても・返答しても、よろしいでしょうか。

16 I would like to argue that...
…という点を議論したいのですが。

17 Do you at least agree that...
少なくとも…については賛成ですか？

18 I know many people who would think differently.
違う考えを持った人もたくさんいます。

19 This subject has been debated for hundreds of years.
これは何百年の間、議論されてきた論点です。

20 Not all opinions are equal.
すべての意見が平等ではありません。

21 There's clearly a difference of opinion, here.
明らかに意見が違います。

22 No-one's opinion is priviledged.
誰かの意見が優先ということはありません。

Accepting — 相手を受け入れながら

23 That's not my understanding of the issue.
それは私の理解と違います。

24 You might want to reconsider your opinion on this.
おそらく、ご意見を再度お考えになったほうがいいと思います。

25 As you know, I have a hard time subscribing to that point of view.
ご承知の通り、その意見に同意するのは難しいです。

26 The truth of any situation is relative.
どんな状況のもとでも、真実は相対的なものです。

27 Try to realize what you're saying here.
何を言っているのか、理解した上で言ってください。

28 Don't you think you're overstating the issue a bit?
問題を少し大げさにおっしゃっていると思いませんか？？

29 I don't see how you can rationalize/justify your comments/beliefs.
あなたのコメント・信条が、どうやったら、合理的なものに・正当なものに、なり得るのか理解できません。

30 It's obvious we don't see eye to eye.
意見が違っているのは、火を見るより明らかです。

31 There's no point in discussing this any further since we don't agree.
お互い同意していませんから、これ以上議論する意味がありません。

32 We're nowhere even close to an agreement, so we should just call it a night.
合意には程遠いので、今夜はここまでにしておきましょう。

33 If we can't come to an agreement, there's no point in continuing our dialog.
合意できないのなら、これ以上対話を続けるのは無意味です。

Rejecting — 相手を拒みながら

PART4 外交

Accepting / 相手を受け入れながら

34 Don't speak about what you don't know.
知らないことを話すのはやめてください。

35 I'm not in the mood to tolerate such nonsense.
そのようなナンセンスに付き合う気分ではありません。

36 Your convictions are heretical.
あなたの信じているものは異常だ。

37 Come back down to planet Earth!
夢から覚めてくれ！

Rejecting / 相手を拒みながら

71 | 微妙な話題を避ける

Conciliatory — なだめるように

01 Maybe it's best to leave that alone for now.
おそらく今は、触れないほうがいいと思います。

02 Let's change the subject and remain blissful. [joking]
話題を変えて、このまま楽しくいきましょう。[冗談]

03 Believe me, this topic is nothing but trouble. [joking]
信じてください、この話題はトラブルになるだけです。[冗談]

04 You know what they say about Pandora's Box. [joking]
パンドラの箱の話は知っているでしょう。[冗談]

05 I'd rather be boiled alive than talk about that. [joking]
話すくらいなら、熱湯釜ゆでの刑のほうがましです。[冗談]

06 This has become kind of a sensitive subject, you know?
それはずっと、皆を神経質にさせてきた話題なんですよ、お分かりでしょう?

07 Let's not open a can of worms.
厄介な問題を議論するのはやめましょう。

08 Let's stick to the matter at hand, shall we?
目の前の問題に集中しましょう、いいですね?

09 Let's keep this positive vibe going and not talk about that.
この前向きな雰囲気を続けて、その話はしないようにしましょう。

10 Can we consider discussing something else?
他の件に関して議論しませんか?

11 Maybe we shouldn't touch on that topic just now.
おそらく今はその件に触れないほうがいいと思います。

12 Let's table this discussion for another time.
この話題を俎上に乗せるのは、別の機会にしましょう。

Blunt — ぶっきらぼうに

13 I'd rather not talk about that, if that's okay with you.
よろしければ、この件に関してはお話ししたくありません。

Conciliatory / なだめるように

14 It probably would be unprofessional to proceed along those lines.
このまま進めるのはプロフェッショナルらしくないと思います。

15 If we don't change the subject, I can see trouble brewing.
話題を変えなければ、トラブルのもとだと思います。

16 We've talked this through already so let's not go there again.
この件についてはすでに議論しているので、再度取り上げるのはやめましょう。

17 I hate confrontation, so let's just avoid that whole topic, okay?
争うのは嫌ですので、このような話題は避けましょう、いいですね？

18 This is getting a little uncomfortable. Can we let it slide for a little while?
ちょっと厄介になってきました。この件は一旦保留にしていいですか？

19 This is never a good topic of conversation—for anyone.
対話に適した話題では決してありません—誰にとっても。

20 Can we move away from this topic—at least until I leave?
この話題から離れませんか—少なくとも私がいなくなるまでは。

21 I've heard this tune before, and it gets more discordant every time.
前にも聞いたことのある話ですが、毎回だんだん不穏な空気になるんですよね。

22 The last time we discussed that, it took a [week/fortnight/month of Sundays] to calm everyone down.
前にこの件を議論したときは、皆が冷静さを取り戻すまでに、1週間・2週間・長い期間、かかりました。

Blunt / ぶっきらぼうに

23 That topic is taboo around here.
その話題はここではタブーです。

Conciliatory / なだめるように

24 We don't have much time, so let's just keep it light.
時間があまりないので、簡単に済ませましょう。

25 Do you think this discussion will bring us any closer?
この議論でお互いが歩み寄ることができるでしょうか？

26 Pursuing this dialog any further is pointless.
この対話をこれ以上続けても意味がありません。

27 Don't you realize how much of a problem this topic is for me?
この話題がどれほど私にとって厄介なものか、気づきませんか？

28 That topic is five miles of bad road. Let's pick something more productive.
この話題は本当にひどいです。もっと生産的な話題を選びましょう。

29 Things only get more tense with that kind of talk.
このような会話は、ただただ緊張感を高めるだけです。

30 Ruminating on this will only lead to heartache, or worse.
このことを何度考えても、心痛がひどくなるだけです。

31 It's conversational suicide to even consider a topic like that.
この話題を続けることは、会話における自殺行為のようなものです。

32 Oh boy, here we go again.
おやおや、またこれですか。

33 I don't want to talk about it, end of story.
この件は話したくありません、以上。

34 I will not engage with you about this.
この件に関して、あなたとお話ししたくありません。

Blunt / ぶっきらぼうに

72 | アドバイス・提案をする

PART4 外交

CD 192

Gentle / 優しく

01 I have some thoughts but I want to tread lightly.
考えがありますが、慎重にいきたいと思います。

02 There is wisdom in the counsel of many—would you like to hear my thoughts?
多くの助言が集まれば、そこに知恵が見つかるものです—私の意見を聞いてくださいますか？

03 We're pretty good friends, right? What would you think of introducing a new product?
私たちは友人同士ですよね？新製品の市場投入についてどう思いますか？

04 I have some ideas—would you like to hear them?
私に考えがあるのですが—お聞きいただけますか？

05 We've gotten to know each other so well, I think we can get personal.
ここまで親しくなったので、一身上のこともお話ししましょうか。

06 I'm just thinking out loud, but what if you…
今言いながら考えているのですが、仮にあなたが…だとしたら、どうですか？

07 This is only my opinion, but…
私見ですが、…

08 May I be honest with you?
正直に申し上げていいですか？

09 May I speak frankly?
気負わずに話していいですか？

10 Do you mind if I offer you a suggestion?
提案させていただいてもいいですか？

11 Don't take this the wrong way, but…
誤解していただきたくないのですが、…

12 It might be a good idea if you…
あなたが…するのは、とてもよい考えだと思いますよ。

Directive / 直接的に

Gentle / 優しく

13 I'm not trying to make you feel badly, but...
気分を害されたとしたら本意ではないのですが、…

14 I don't mean any disrespect, but...
失礼をするつもりはないのですが、…

15 I hope my suggestion doesn't come across the wrong way.
私の提案が、間違っていなければいいのですが。

16 I hope you don't find this offensive, but perhaps you should consider introducing a new product.
あなたを責めているわけではありませんが、新製品の市場投入を考慮なさったらいかがでしょうか。

17 You don't have to take it, but here's some good advice.
受け入れるかどうかは別にして、これが私からのアドバイスです。

18 I would recommend that you...
…をお薦めします。

19 Let me give you some valuable advice about this.
この件に関して、いくつかの使えるアドバイスがあります。

20 The best thing for you to do at this point would be to...
この時点であなたにとってベストなことは、…

21 This might help you out.
これは役に立つと思います。

22 Let me just say this...
つまりこういうことです、…

23 A word of advice...
一つだけお伝えすると、…

24 Seems like you could use an objective opinion.
客観的な意見も取り入れるべきですよ。

Directive / 直接的に

25 You could not be more wrong—you need to listen to reason.
完全に間違っています―道理に耳を傾けてください。

26 It's your funeral.
あなた自身の問題です。

73 不要なアドバイスや提案に対して

Polite / 丁寧に

01 Thank you for caring enough to speak into my life.
私のことを心配して親身に話してくださり、有難うございます。

02 It's very kind of you and I really appreciate your honesty.
有難うございます、率直なご意見に感謝します。

03 Wow, I never saw it that way. Thanks!
なるほど、そんなふうに思ったことはありませんでした、有難う！

04 I will certainly take that into consideration.
しっかり考慮に入れさせていただきます。

05 You gave me a lot to think about, thank you.
たくさんのヒントをいただきました、有難うございます。

06 I'm really pleased you took the time to tell me these things.
わざわざお時間をとってお話しいただき大変嬉しく思います。

07 Thank you so much for letting me know about this.
お知らせいただき大変有難うございます。

08 If you have any other suggestions, please let me know.
何か他にご提案がありましたらお知らせください。

09 Thanks for pointing that out.
ご指摘有難うございます。

10 That's good to know.
教えてくれて有難う。

11 I always like to hear others' opinions.
いつでも他の人の意見を聞きたいと思っています。

12 I'm open to whatever you might suggest.
どんなご提案でも聞かせていただきます。

Confrontational / けんか腰に

13 Thanks, I appreciate your concern.
有難うございます、お気遣いに感謝します。

PART 4 外交

Polite / 丁寧に

14 Thanks for wanting to help.
ご支援有難うございます。

15 It's very nice for you to worry about me, but you really shouldn't.
ご心配いただき有難うございます、お気遣いには及びません。

16 You're very kind to try to help me, but I'm happy like this.
ご尽力大変有難うございます、現状で満足いたしております。

17 I get what you're saying, but I think I'm okay with my plan.
お申し越しは理解いたしましたが、現状プランで満足しております。

18 I know you mean well, but I prefer to keep my own counsel on the matter.
善意のご指摘かと思いますが、コメントは控えさせていただきます。

19 What experience/knowledge do you base your advice on?
どのようなご経験・ご知識に基づいて、ご助言いただいているのでしょうか？

20 Thanks for your concern, but I'm doing just fine.
ご心配いただき有難うございます、でも今は大丈夫です。

21 I will decide to take my own action on the matter.
その件については、自分の行動は自分で決めたいと思います。

22 I'm fully aware of what I'm doing, thanks. [sarcasm]
何をやっているかは自分が一番よく分かっています、有難うございます。[皮肉]

23 I don't need anyone to look out for my interests but myself.
私自身のことに気を配る人は、私以外誰も必要ありません。

Confrontational / けんか腰に

24 Your advice is worth about what I paid for it.
あなたのアドバイスは、(私が自分で得たものと同じ程度ですから) もう充分です。

25 If I wanted your opinion/advice, I would have asked for it.
あなたの意見・助言が欲しいときは、そう言います。

74 | 誰かに責められたら

Polite / 丁寧に

01 Ah, court is in session! [joking]
おや、裁判が始まったのですね！［冗談］

02 I'm not sure how you arrived at that conclusion, but I want to hear you out.
どうやってあなたがその結論に至ったのかよく分かりませんが、お話を終わりまで聞かせてください。

03 Please let me help you find out what really happened.
実際のところ何があったのか、一緒に調べてみませんか。

04 I'm hurt that you would even think that—what can I do to convince you otherwise?
あなたがそのように思っているとしたら、私は傷つきます―どうすれば、そうではないと納得してもらえるでしょうか？

05 I wish I could say I did it, but that would be a lie.
できると言いたいのですが、そう言うと嘘になります。

06 I understand why you would think that, but it's simply not the case.
なぜそのようにお考えになるのか分かりますが、今の場合は当てはまりません。

07 I'm afraid I'm not following you at all.
恐縮ですが、お話についていけてないのですが。

08 You can't be any further from the truth.
事実と違うことを言うことはできませんよ。

09 The burden of proof is on the accuser.
確証を見せなければならないのは、責める側のほうです。

10 I'm going to have to defend myself, here.
今は弁明しなければならないようですね。

11 It's very easy to assume when we don't know.
憶測でものを言うのは簡単です。

12 I have no idea what you're talking about.
あなたの言っている意味が全く分かりません。

Confrontational / けんか腰に

13. Don't blame me—it wasn't my responsibility.
責めないでください―これは私の責任の範囲ではありません。

14. You're speaking completely out of context.
それは完全に文脈を無視した話です。

15. I will not allow you to say things that are inaccurate.
不正確なことを言うのは、断じて許しません。

16. If you knew the facts, you'd see that it's not my fault.
事実関係を知っていたら、私の落ち度ではないことが分かるでしょう。

17. You should be sure before you start accusing others.
他の人を責める前に、自分でしっかり確認しなさい。

18. I don't think we're getting to the heart of the issue.
問題の核心に迫っているとは思えません。

19. I have other things to do than answering to polemics.
論争に答えるよりもほかにやることがあります。

20. Before you point a finger at someone, you should give him/her a chance to speak.
誰かを責める前に、彼・彼女に、話す機会を与えるべきです。

21. The problem is much more complex than that.
問題はそれよりももっと複雑です。

22. Pointing fingers doesn't help anything.
人を責めても、何の解決にもなりません。

23. I will neither confirm nor deny that.
認めることも、否定することもしません。

24. Let he who is without sin cast the first stone.
やましいところのない人に、まずは非難をしてもらいましょう。

25. People who live in glass houses shouldn't throw stones.
すねに傷ある身なら、他人の非難はしないことです。

26 Clearly something went terribly wrong, but it wasn't my fault.
確かに重大な誤りがありましたが、それは私の過失ではありません。

27 Please understand this was never my intention.
これは決して私の意図ではないことをご理解ください。

28 It's nobody's fault, so it's useless to assign blame.
誰の過失でもありませんから、非難は意味がありません。

29 Seems that I'm a victim of circumstance.
むしろ私は、この状況下での被害者です。

30 How did you come to this erroneous conclusion?
どうやってこの間違った結論に達したのですか？

31 I'd like to know who or what is your source?
誰が情報提供者で、その情報源は何なのかが知りたいです。

32 Whatever happened to "innocent until proven guilty"?
何が起こっても、「疑わしきは罰せず」では？

33 This didn't happen on my watch!
私が担当ではないときに起きたことです！

34 Mea culpa. [sarcasm]
罪は私にあります。[皮肉]（ラテン語。祈りの言葉より）

35 I will sue you for slander/libel.
誹謗・中傷で、あなたを訴えます。

75 | 噂の標的にされたら

Polite / 丁寧に

01 I'm sorry, but I never comment on half-truths and innuendoes.
すみませんが、偏見に満ちた内容やほのめかしにはコメントしません。

02 I only wish my life were that interesting! [joking]
私の人生がそれほど面白いといいですね！［冗談］

03 This is an ongoing investigation/problem, so unfortunately I can't comment on it.
現在進行中の調査・問題ですので、残念ながらコメントは控えます。

04 I don't have any further information and will not release any statements at this time.
これ以上の情報はありませんし、現在発表できる声明もありません。

05 There are more important things going on in the world than this.
世界では、こんなことより重要なことが起こっています。

06 That is a misinterpretation of what I actually said/did.
これは、私が実際に言ったこと・行ったことの、誤った解釈です。

07 My advice on these rumors is to let them go.
この噂に対する私のアドバイスは、放っておけ、です。

08 Rumor and innuendo, that's all it is
単なる噂、あるいは、あてこすり、ただそれだけです。

09 Rumors are not the best sources of facts.
噂は事実を知るための最良の情報源ではありません。

10 This is just rampant insinuation and I have nothing to say.
単にあてこすりが蔓延しているだけであり、言うことは何もありません。

Confrontational / けんか腰に

11 I'm not going to discuss that.
議論はしません。

12 It would be unwise for me to respond to such nonsense.
そのようなナンセンスなものに反応するのは賢いことではありません。

13 Let's not perpetuate such infantile behavior by giving it lip service.
口先だけうまいことを言いながら、こんな子供じみた真似を続けるのはやめましょう。

14 I didn't want to give this gossip any attention, but I must say something...
このようなゴシップは気にしないできましたが、これだけは言っておきます、…

15 Such gossip will not be tolerated much longer.
こんなゴシップが長い間、受け入れられるはずがありません。

16 These are half-baked lies that don't dignify a response.
そんな中途半端な嘘には、わざわざ反応する必要もありません。

17 I don't report to you and will not respond.
あなたに報告しませんし、返答もしません。

18 Since when am I accountable to you?
いったい、いつから私はあなたに釈明しなければならないことになったのですか？

19 So what?
それで？

PART

交渉

5

Negotiating means getting the best of your opponent.
___Marvin Gaye

交渉とは、相手から一番の良いとこどりをすること。
———マービン・ゲイ（ミュージシャン）

introduction

交渉のやり方を知っていることは、良いリーダーに必要な、一番大切なスキルです。得意であることが一番ですが、見た目から想像するほど難しいことではありません。またセールスマンやバイヤーといった職種にのみ必要なスキルなのではなく、人と関わる必要があるときは誰にでも交渉力が必要になります。

結婚したての若いカップルは、家の間取りをどう分け合うかで交渉するでしょう。先生と生徒たちは、クラスを運営するために生徒が行うお手伝いについて交渉します。銀行家は、取引そのものが交渉で、うまくできなければ利益を得ることはできません。そして音楽家は、作曲という自身の労働に対して、印税収入などの正当な対価を要求するでしょう。

交渉の仕方を知らないか、交渉ごとを避けていては、せっかくの駆け引きの場から自分をどんどん遠ざけることになります。よりよい交渉者となるためのヒントが次の5つです（必要に応じて、PART4と重複する部分もあることをご承知ください）。

1 望みや目的を明らかに

交渉上手なリーダーであれば、一緒に仕事をする仲間からの信頼をいち早く得ることができます。信頼を得るには、リーダー自身の望みや目的が誰にでも分かるように——とはいっても、全部さらけ出すということではありませんが——しなければなりません。それが分かれば周りの人々は、よりリーダーを信頼するようになります。

2 多くを語り過ぎない

これは1で述べたヒントの悪い面、あるいは逆の意味にもなるのですが、リーダーが自分の考えや目的を外に出せば出すほど、それらが受け入れられなかったり、批判されたり、否定されたりする機会が増えます。ですから、ときには感情を表に出さず、リアクションもしないほうがいい場合もあるのです。交渉においても、自分の立場を悪くするような手持ちのカードを相手に見せてはいけません。自分の意図を説明するときも、簡潔を旨として必要な点だけを伝え、それ以外の余計なことは話さないでください。沈黙も会話の一部です。目的達成のために弁明してしまうと、インパクトが薄れたり、優柔不断に見えたり、ひどいときには不必要に身構えているような印象を与えかねません。

3　弱みを見せない

　交渉が下手だったり、経験が未だに浅かったりするリーダーは、交渉相手に対して簡単に自分の弱みを見せてしまいます。持てる強みを簡単に相手に譲渡するようなことは決して行ってはいけません。ポーカーフェイスを保ち、鋼のような精神力を演出してください。内心はビクビクしていたとしても、です。比較的小規模の取引などを練習台にして、序々にレベルを上げていきましょう。

4　必要ならいつでも席を立つ

　結果の如何に左右されない人、あるいは少なくとも左右されないように見える人は、交渉において最大の強さを発揮できます。リーダーがその役割を担うべきであり、あなたがリーダーの場合は、いつ自分が席を立つかも含めて、あなたが主導権を発揮して議論する項目を決めます。

5　沈黙は金

　交渉中、常に話している必要はありません。ときには沈黙したり、交渉を一旦打ち切るほうが、堅苦しい解決策を無理強いするよりも効率的なときがあります。また沈黙は、その場の雰囲気を気まずくしたり、落ち着かなくしたりする効果もあるので、交渉相手をあえて不安にさせて譲歩を引き出すのに役立つ場合もあります。

76 | 質問する

Formal / フォーマルに

01 Would you be so kind as to answer this one question?
この質問にお答えいただければ大変嬉しいのですが。

02 I do have one question, if you don't mind.
よろしければ、一つ質問させていただきたいのですが。

03 I'd like to raise an important point, if I may.
できれば、大切な点を指摘させていただきたいのですが。

04 I apologise if we've covered this before, but....
もしすでにお話しであれば申し訳ないのですが、この点については…

05 I am seeking to understand this matter more fully.
この件について、十分に理解したいと思っています。

06 While it may sound rhetorical, my question is...
単なる表現の問題かもしれませんが、私の質問は…

07 Another question remains to be clarified...
お答えいただきたい質問がまだあります、…

08 I'd like to hear your solution to this.
この件に関して、解決方法をお聞きしたいのですが。

09 Here's a simple question.
簡単な質問です。

10 I'll go the direct route and simply ask this question.
まずは直接、質問させていただきます。

11 I have something to ask.
お聞きしたいことがあります。

12 You probably know the answer to this.
おそらくお答えをご存知かと思います。

13 Here's something I've been wondering about.
この件でずっと悩んでおりまして。

Casual / カジュアルに

14 I was wondering if...
…について、どうかなと思っていまして。

15 Anyone know the answer to this?
誰かお答えを知っていますか？

16 I'm stumped—can someone help me out here?
参ったな―誰か助けてくれる人はいませんか？

17 Inquiring minds want to know.
探究心を満足させたいのです。

77　時間を稼ぐ

01 That's a very good question—allow me to think before I respond.
とても良いご質問です—お答えする前に考えさせてください。

02 What an interesting idea/thought/question.
面白いアイデア・考え・質問ですね。

03 Please allow me a moment to ponder the ramifications before I speak.
お話しする前に、関連する問題についてよく考えさせていただけませんか。

04 I will need to gather my thoughts here for a moment.
ちょっとの間、いろいろ考えさせてください。

05 That's going to require more research.
もう少し調べる必要があります。

06 I need to gather all the facts before I weigh in.
お答えする前に、事実関係を集めなければなりません。

07 That's on a lot of peoples' minds these days.
近頃では多くの人がそう考えます。

08 I am really glad you brought that up.
ご質問いただき、有難うございます。

09 You always make such excellent points.
あなたはいつも素晴らしい点を指摘されますね。

10 Your inquiry is a legitimate one and calls for a qualified response.
あなたのご質問はもっともですし、しっかりした返答が必要です。

11 I think you are raising a very interesting point.
とても興味深いポイントをご指摘いただきました。

12 That's a good question and it deserves a clear answer.
良い質問ですので、質問に見合う明快な答えが必要です。

13 I'll give you the short answer; we can talk more indepth later on.
まずは手短にお答えしますので、追って詳しくお話ししましょう。

14 Let me think about it, as times/the facts have changed.
考えさせてください、時代が・事実関係が、変化していますから。

15 That takes a good deal of specialized knowledge.
お答えするにはかなり多くの専門的な知識が必要です。

16 Let me think on it for a second.
ちょっと考えさせてください。

17 I don't recall hearing that before.
以前聞いたかどうか思い出せません。

18 Can you clarify or restate the question/your point?
ご質問を・要点を、分かりやすく、あるいはもう一度繰り返して、お話ししていただけますか？

19 I'm not sure I understand where you're going with that.
答えによってどうされたいのか、私自身が理解しているかどうか定かではありませんが。

20 Why do you ask?
なぜ聞くのですか？

21 Who knows?
誰がその答えを知っているでしょう？（きっと誰も知らないと思います）

22 I honestly don't even know what to say.
正直なところ、何と言ってよいやら分かりません。

78 | 要点を強調する

Polite / 丁寧に

01 Allow me to stress just how important this is.
これがどれほど重要か、あえて強調させてください。

02 I would like to emphasize this point, if I may.
よろしければ、この点を強調したく思います。

03 I cannot stress enough just how critical this is.
これが実際どれくらい重要なものか、どんなに強調してもし過ぎることはありません。

04 Precision of language is of utmost importance, here.
ここでは、正確な言葉が一番大切です。

05 Please take especial note of this point.
この要点に関して、特別な注意を払ってください。

06 I really want to emphasize the fact that…
私はまさに以下の事実を強調したいです、それは…

07 And you can quote me on this…
私が…と言ったと、引き合いに出していただいて構いません。

08 What I have to say next is very important.
次にお話しすることはとても重要です。

09 While there are many opinions on this, here is my take.
この件に関して多くの意見がありますが、これが私の考えです。

10 Here's the bottom line.
ここが一番重要なところです。

11 Let me be clear about this.
正確にお話しさせてください。

12 Let me pick up my words very carefully, here.
ここでは、より慎重に言葉を選ばせてください。

13 Let me make this point even more clear.
要点をより詳しく話させてください。

Abrupt / ぶっきらぼうに

Polite / 丁寧に

14 Here is where the rubber meets the road.
これが肝心なところです。

15 There are no ifs, ands, or buts about this.
ここには、「もしも」「それから」「しかし」などの表現は存在しません。

16 It really just comes down to this...
結局のところ、…ということですね。

17 The fact that is most relevant/important is....
最適なことは・一番大切なことは、…

18 An important thing to realize is...
気づくべき大切なことは、…

19 I can say unequivocally that...
はっきり言えることは、…

20 Let me put it another way.
違う言い方をさせてください。

21 I think that it is important to understand that...
理解しなければならない大切なことは、…

22 As God is my witness...
神に誓って申し上げますが、…

23 I'll take it one step further.
もう一歩掘り下げてみましょう。

24 I'm not going to beat around the bush, here.
ここで遠回しな表現をするつもりはありません。

25 I've said it before and I'll say it again...
以前も申し上げましたが、もう一度言います。…

26 You might want to sit up and take note of this.
おそらく姿勢を正して座り、メモを取りたくなると思いますよ。

27 Now pay attention!
はい、注目！

Abrupt / ぶっきらぼうに

79 | 納得させる

Courteous / 丁重に

01 What can I do or say to persuade you?
どうすれば、あるいはどう言えば、あなたに納得していただけますか?

02 Please allow me to plead my case.
私の言い分を言わせてください。

03 There's a lot of research that supports this; for example...
多くの調査がこのことを裏付けています。例えば、…

04 Anyone who knows about this will say that...
この件を知る人であれば、皆こう言うでしょう、…

05 Time and experience have shown me that...
手がけた時間の長さと、行った経験の回数に鑑みると、…

06 Experts would agree that...
専門家も…に同意してくれると思います。

07 Give me a few minutes and I promise you, you'll change your mind.
ちょっとお時間をいただいてお話ししていいですか、お考えが変わること請け合いです。

08 I'd like to encourage you to look at the other side for a moment.
ちょっとの間、従来と違う角度から見てください。

09 Given enough time, I know that I can win you over.
十分な時間をいただければ、あなたを説得できます。

10 The best in the field will agree with me that...
その道の第一人者が、私の…に同意してくれるでしょう。

11 I believe I can sway you if you'll just listen to the facts.
事実を聞いてくれさえすれば、きっとあなたを説得できると信じています。

Rude / ぞんざいに

12 **Your logic must be able to discern the veracity of what I'm saying.**
あなたの論理なら、私が言っていることが真実か否かを見分けることできるはずです。

13 **All I ask is that you revisit the issue.**
どうかこの問題を、もう一度考えてみてください。

14 **The truth will set you free.**
真理は私たちを自由にします。

15 **I have no right to hijack your conscience, but...**
あなたの善悪の判断を邪魔する権利はありませんが、…

16 **You're smart enough to know the truth when you see it.**
あなたなら、見ればどれが真実かお分かりになるでしょう。

17 **Am I not swaying your opinion?**
お考えが変わってきてはいませんか？

18 **If you opened your eyes to the facts, I think you would understand.**
事実に目を向ければ、おそらく理解していただけると思います。

19 **It's as plain as the nose on your face.**
顔に鼻があるくらい、当然のことです。

20 **How can you not see my point?**
なぜ私の言っていることが分からないのですか？

21 **Anyone with an ounce of common sense would know that.**
少しでも常識のある人なら、誰でも分かります。

22 **Don't be so obdurate and just listen for a moment!**
そんなに頑固にならないで、ちょっと聞いて！

80 | 提案を受け入れる

Formal / フォーマルに

01 I am gratified to say that I accept without reservations.
ご提案を無条件で受け入れることができ、とても嬉しいです。

02 I accept, with honor and humility.
光栄に思いつつ謹んで、ご提案を受け入れます。

03 I can't tell you what an honor this is for me.
(ご提案いただいたことは) 大変名誉なことであり、言葉もありません。

04 This is a proud moment for both of us.
お互いにとって誇りに思える瞬間だと思います。

05 I'm touched to know that you made me a part of this.
私も一員として参加させていただき、大変感動しています。

06 I'm on board with that.
私も一緒にやります。

07 I hear you and agree.
了解しました。

08 I'm with you all the way.
すべてにおいて賛成です。

09 There's nothing I would rather do.
これ以上やりたいことは、むしろありません。

10 Let's make it happen.
実現させましょう。

11 Let's shake hands on it.
握手しましょう。

12 Let's pull the trigger on this.
引き金を引きましょう (始めましょう)。

13 Sign me up on the dotted line.
全面的に合意します。

Casual / カジュアルに

PART5 交渉

14 That's a no-brainer.
簡単なことです。

15 My answer is a big yes.
何のためらいもなく「イエス」です。

16 Count me in.
仲間に入れてください。

17 Fine by me!
いいですよ!

81 提案を断る

Polite / 丁寧に

01 I must respectfully decline at this time.
今回は謹んでお断りしなければなりません。

02 I'm sorry to have to say no to the generous proposition you've made.
ご寛大なご提案ですが、恐縮ですがお断りしなければなりません。

03 I apologize that I am unable to accept your offer right now.
申し訳ありませんが、現在はご提案をお受けできません。

04 Unfortunately I cannot accept your excellent proposal at this time.
素晴らしいご提案ですが、残念ながら今回はお受けできません。

05 I appreciate your suggestion, but we must find another way.
ご提案に感謝いたしますが、他のやり方を考えなければなりません。

06 I must decline with humility.
謹んでお断りさせていただきます。

07 I have already accepted a similar proposal, so I must say no.
すでに同様のご提案をいただいているものですから、今回はお断りしなければなりません。

08 While I would love to say yes, I don't believe I could get it past my [boss/spouse/parents].
ご提案を受け入れたいのですが、私の上司が・伴侶が・両親が同意するとは思えません。

09 I don't think it would be wise for us to go forward at this time.
これを今進めることは賢明なこととは思えません。

10 This could have worked out under better circumstances.
より良い状況であれば、この提案は効いたと思うのですが。

Blunt / ぶっきらぼうに

PART5 交渉

丁寧に / Polite

11 The decision is out of my control, sorry.
私には決定権がありません、すみません。

12 I don't think your plan is the right one for this situation.
現状では、この提案が適切とは思えません。

13 I can't work with you on that, sorry.
あなたと一緒に仕事をすることはできません、すみません。

14 Not at this time; thanks, though.
今はダメですが、ご提案には感謝します。

15 We just can't afford the risk/expenditure/complication right now.
現在は、リスクに対処する・費用を賄う・複雑な状況に対処する、余裕がありません。

16 Your tenaciousness is impressive, but I just can't move on this.
あなたの粘り強さは見事ですが、この提案を進めることはできません。

17 Your solution is risky; I just can't run with it.
ご提案にはリスクが伴いますので、このまま進めることはできません。

18 Your idea raises more questions than it answers.
ご提案には、解決策というよりも、多くの疑問点があります。

19 It's a no-go.
このままでは進められません。

20 It's simply out of the question.
ただ単に、問題外です。

21 I don't think it's going to work.
この提案が機能するとは思えません。

22 I'm going to have to put the kibosh on this.
この話は終わらせないといけません。

ぶっきらぼうに / Blunt

23 **Only if you pay me for it! [joking]**
お金を払ってさえくれれば続けますが。[冗談]

24 **No can do.**
できません。

25 **That's not gonna work for me.**
効果の期待できるものではありません。

26 **Maybe when pigs fly! [joking]**
もし豚が空を飛ぶようなことがあれば！（実行できるでしょう）[冗談]

82 | 製品やアイデアを売り込む

CD 215

PART5 交渉

Push-through / 強く

01 If you don't move on this now you'll regret it.
これを進めないと、後で後悔しますよ。

02 You'd better buy now before you miss out.
逃す前に買っておいたほうがいいですよ。

03 Don't let this be the one that got away.
みすみす見逃してしまわないように。

04 Get it now before it's gone.
なくなる前に手に入れて。

05 Take it home today—you won't regret it.
お持ち帰りください—後悔はさせません。

06 This is a one day sale; by tomorrow it will be gone.
今日一日だけのセールです、明日はやってません。

07 Tomorrow you'll be a day late and a dollar short.
明日ではもう遅過ぎます。

08 This is the deal of the century.
今世紀最大のセールです。

09 This special price is only good until February 13th.
この特別価格は、2月13日までです。

10 There won't be another sale like this until next year.
こんなセールは、来年までありません。

11 There's a lot of interest in this, so you'd better move on it.
面白いことが満載です、是非急いでください。

12 This is your lucky day!
今日買えるあなたはついてます！

13 The deal is almost irresistible.
この取引には抗えないでしょう。

Low Pressure / 弱く

強く　Push-through

14 You're buying quality.
しっかりした品質の品ですよ。

15 It won't stay at that price for very long.
これは今だけの値段です。

16 I have one and it changed my life.
私も一つ買いましたが、人生が変わりました。

17 You deserve it.
これこそあなたに見合うものです。

18 You're worth it.
あなたこそ、これを持つべきです。

19 You'll be the envy of your peers/colleagues/friends.
仲間に・同僚に・友達に、羨ましがられますよ。

20 What would it take for you to decide today?
今日決めるために、何が必要ですか？

21 It's the crème de la crème.
まさに最高の中の最高です。

22 This is a great value/bargain.
これこそ、価値の高い・お買い得の、商品です。

23 Quality and price—you can't ask for more.
高い品質と手頃な価格―これ以上はありません。

24 Please consider it—you'll be glad you did.
よくお考えください―買えばきっと満足しますよ。

25 I think you'll be happy with it.
満足していただけると思いますよ。

26 What have you got to lose?
何か失うものはありますか？

Low Pressure　弱く

PART5 交渉

Push-through 強く

27 **It's only money, after all.**
結局、財布の問題です。

28 **What's the worst that could happen?**
考えられる最悪のケースは何ですか？

29 **You can always return it.**
返品はいつでもできます。

30 **Nothing ventured, nothing gained.**
当たって砕けろ、です。

31 **Only you can make that decision.**
決められるのはあなただけです。

Low Pressure 弱く

83 駆け引きする

Positive / 前向きに

01 I'm sure we can get to a win-win, here.
これで、ウィン‐ウィンですね。

02 I know we can work something out.
何とかできるでしょう。

03 That sounds better—let's talk some more.
それはいいですね―もう少し話しましょう。

04 Let's make a deal.
取引しましょう。

05 Let's each go halfway and we'll be done.
両者痛み分けにすれば、交渉成立ですね。

06 I saw a lower/higher price on that just the other day.
つい先日、今より低い・高い値段を見ました。

07 Meet me in the middle; it's the only answer.
半分までなら譲歩しましょう、これが返答です。

08 We both want this deal to work out, so let's make it happen.
どちらも交渉を成立させたいのですから、何とかしましょう。

09 Can't you budge a bit more on the price? After all, I've made concessions, too.
もう少しだけ値段を下げてもらえませんか?こちらだって譲歩しているのですから。

10 We both want a successful outcome here, right?
私たちは、どちらにとっても良い結果を望んでいるんですよね?

11 I have no problem walking away from this.
交渉決裂でも構いません。

12 The clock is ticking.
残された時間は多くありません。

Negative / 否定的に

13 You'll have to do better than that.
もう少しうまくやらないといけません。

14 Help me out, here.
ここでなんとか、手を打ちましょうよ。

15 I expected a better offer from you.
もう少し良い申し出を期待していました。

16 It's not personal, it's business.
これは個人的なことではなく、ビジネスです。

17 We're both trying to make a living, here.
お互いこれで身を立てていますよね。

18 Your competitor is going to be happy about this.
競合がさぞかし喜ぶでしょう。

19 Do you think your rigidity is serving you?
その頑固な姿勢のままで、交渉が成立すると思っていますか？

20 I'll have to walk if we can't come to terms.
受け入れられなければ立ち去ります。

21 I'm not made of money.
私は金のなる木ではありません。

22 Wow, that's insulting.
それは侮辱だ。

23 [silence]
[黙る]

84 | 膠着状態のとき

Positive / 前向きに

01 I know you want this as much as I do—what can you do for me?
あなたも私と同様に、進めたいと考えていると思いますが—あなたのできることは何ですか？

02 I feel that we are one step away from shaking hands.
握手して合意するところまで、あと一歩だと思います。

03 Here are my concessions—what are you willing to bend on?
私の譲歩はこれです—あなたはどこで折れてくれますか？

04 I've given a bit, now it's your turn.
少し譲歩しました、今度はあなたの番です。

05 How will we proceed with this two-sided quandary?
両者のジレンマをどうしましょうか？

06 It seems we're at a standoff—do you have any ideas?
行き詰まりの状態ですが—何か打開策はありますか？

07 We're in a deadlock. What should we do?
暗礁に乗り上げました。どうしたらいいでしょうか？

08 I don't know how we're going to get out of this.
どうやってここから抜け出したらいいか分かりません。

09 Can't we just agree on something?
まずは何かで合意しませんか？

10 Both sides are in a stalemate—what do you suggest?
どちらも行き詰まっています—何か提案はありますか？

11 Do you see a way out of this?
ここから出る方法を知っていますか？

12 Unfortunately, we've reached a dead-end and nobody is budging.
残念ながら、すでに行き止まりまできていて、誰も譲歩しません。

Negative / 否定的に

13 I can't stand this constant back and forth, and I know you can't, either.
この行ったり来たりにはもう耐えられません、あなたも同じですよね。

14 I wish we could get out of this quagmire.
この泥沼から抜け出せるといいのですが。

15 I'm not sure where we should go from here.
この状態からどうすればいいのか分かりません。

16 Maybe I should just take my business elsewhere.
おそらく、ほかの相手に乗り換えるべきでしょう。

17 You're not the only game in town.
あなただけがビジネスの相手ではありません。

18 This has been a waste of my time and yours.
お互い時間の無駄です。

85 | 妥協を求める

01 With our mutual respect, I'm sure we'll come to a decision that suits us both.
お互いを尊重した上で、両者にとって有益な決定ができると信じています。

02 I know we can reach an agreement if we work together.
一緒にやれば、合意に達することができると思います。

03 We both want what's best—how can we make that happen?
お互いにベストなものを求めています—どうやったら実現できるでしょうか?

04 Compromise is always the way to go.
妥協することこそ、採るべき方法です。

05 Aren't we all looking for a win-win, here?
お互い、ウィン - ウィンを求めているのですよね?

06 If you agree, let's shake hands on it.
同意であれば、握手しましょう。

07 Let's move forward in the spirit of compromise.
妥協の精神で、話を前に進めましょう。

08 Coming to an agreement is the best thing for all concerned.
合意に達することが、関係者全員にとってベストです。

09 I think we both need to accommodate each other, here.
ここでは、互いに歩み寄ることが必要だと思います。

10 I'd really like to come to an understanding about this issue.
この問題について、共通の理解が得られればよいと思います。

11 You won't regret coming to a decision that benefits all parties.
全員を満足させる決定を行っても、後悔することはないでしょう。

12. I think we've achieved a lot through our negotiations, but it's decision time.
交渉を通じて互いに多くを達成してきたとは思いますが、そろそろ決断のときです。

13. I'm willing to listen to you if you listen to me.
私の話に耳をお貸しいただければ、喜んでそちらの話も聞かせていただきます。

14. Let's both make an effort.
両者で努力しましょう。

15. I think we should agree to settle and move on.
問題を決着させ、物事を進めることに合意するべきです。

16. I hope you're willing to at least consider my parameters.
少なくとも、私の判断基準を考慮していただきたいと思います。

17. There's no magic solution; it's all give-and-take.
世の中に魔法の解決法はなく、すべてはギブアンドテイクです。

18. Meet me in the middle—it's the only answer.
半分までなら譲りましょう―それが私の答えです。

19. We'll be fine if I give a little and you give a little.
私が少し譲歩し、あなたも少し譲歩する、それでどうですか。

20. Let's each go halfway and we'll be done.
両者痛み分けで交渉成立ですね。

21. I can't imagine us not coming to an agreement.
合意に至らないことは想像できません。

22. I can't go back to my [boss/family/colleagues] without settling this.
この決着をつけないと、上司・家族・同僚、のもとに帰れません。

23. There is no perfect solution, so let's just get it over with and settle.
完全な答えはありませんから、もうおしまいにして決着させましょう。

24 **I'm willing to engage in some give-and-take—are you?**
ギブアンドテイクでいきたいと思うのですが―どうですか？

25 **At least meet me halfway.**
ともかく妥協してください。

26 **I guess we'll get to that place when you're finally willing to compromise.**
最終的にあなたが妥協をいとわなければ、合意に達することができると思います。

27 **Let's get this done once and for all.**
これを最後に決めてしまいましょう。

28 **Let's just flip a coin. It's better than going on and on about it forever.**
コインの表裏で決めましょう。この議論を永遠に堂々巡りさせるよりはいいでしょう。

29 **Come on, work with me on this.**
さあ、一緒に何とかしましょう。

30 **Let's cut to the chase and quit wasting everyone's time.**
さっさと用件に入って、皆の時間の無駄遣いはやめましょう。

PART 6

問題を解決する

Leaders are problem solvers by talent and temperament,
and by choice.
___Harlan Cleveland

リーダーとは、持っている才能や気質で問題解決を図る人のことだが、
実は最も大切な資質は、物事を選択する能力だ。
———ハーレン・クリーブランド（外交官）

introduction

偉大なリーダーは、同時に素晴らしい問題解決者です。解決策を具体的な行動に結びつけることで、リーダーは人々を導き、必要とされる方向性を示唆します。次の4つの秘訣に従うことで、自信を持って問題に対処し、解決することができるでしょう。

1 診断する

多くの質問を投げかけることで、問題の本質をつかみます――そもそも問題の設定が間違っていては、良い解決策が期待できるわけがありません！　医師が診断するとき、問題を見極めるための多くの質問を患者に投げかけるところを思い出してください。医師はそこから、たくさんの貴重な情報を得て、診断を下していきます。このとき、くだらないと思われるような質問をすることも恐れないでください。可能性のすべてを探るようにしましょう。

2 支援する

直面している問題が分かったら、その問題の大きさや、適切に解決できなかった場合の潜在的なリスクを、周りの人々に理解してもらいます。ここでは、波及する部門への影響も含めて、問題の全体像をすべて議論し、問題解決にあたる人々が、自ら進んで解決に貢献するように納得してもらうことが必要です。

3 戦略を構築する

計画の失敗とは、つまり計画的に失敗した、というのと同じことです。どのように問題に対処するかをしっかり一つ一つ確認し、その概略を整理します。実行にあたっては単に命令するのではなく、人々が、この解決策は自分たち自身のアイデアだと思えるような方法を見つけ出してください。反対勢力に対しては、この解決策が、彼らにとってもどれほどためになるかを気づかせるようにします。

4 権限を委譲し、フォローする

問題への対処方法が具体的にあって、それが効果的に実行に移されているかどうかに注意します。思い切って権限を委譲し、しかし任せっきりにすることなく、進捗状況を定期的に確認します。

86 | 問題に向き合う

CD 225

PART6 問題を解決する

Urgent / 急いで

01 We need to find a way out of this immediately, if not sooner.
この件に関して、即刻、方法を見つけなければなりません。

02 We have a problem on our hands that must be solved, now.
今ここで、何とかしなければならない問題があります。

03 We've got to figure this out right now.
今すぐこれを解決しないといけません。

04 We need to find an answer to this asap.
すぐに答えを探さないといけません。

05 We must get to the bottom of this by the end of the day.
今日中に、問題の真相を突き止めなければなりません。

06 We can't go on without an agreement on this crucial point.
この重要な点に関して、同意がなければこれ以上は進めません。

07 There must be a way out of this sticky situation. Let's find it.
この膠着した状況から抜け出す方法があるはずです。それを探しましょう。

08 We can't move forward without coming to grips with the current problem.
直面してる問題に真剣に取り組むことなしに、これ以上先には進めません。

09 To solve this problem, we need to immediately change tactics.
この問題を解決するためには、すぐに戦術を変えなければなりません。

10 I think we can all agree that we need a quick solution to this problem.
この問題に対して、すぐに解決が必要であることは皆同意見だと思います。

Laissez-faire / なりゆきで

11 We need to fix this as quickly as possible.
できるだけ速やかに解決しなければなりません。

Urgent 急いで

12 In order for the problem to be solved quickly, we must work together.
問題を早く解決するためには、一緒に取り組まなければなりません。

13 Our priority is getting to the heart of the issue as soon as possible.
できる限り早く問題の核心に至ることが最優先です。

14 The more practical we are, the more ground we can cover.
現実的になればなるほど、より多くの問題に対処できます。

15 Let's think outside the box for a moment.
ちょっとの間、型にはまらない考え方をしてみましょう。

16 Since what we've been doing isn't helping, what if we…
今までのやり方では役に立たなかったのですから、例えば…ならどうでしょうか？

17 This approach isn't working. We need to try something different.
このやり方では駄目です。違う方法をやってみなければなりません。

18 I think we need more clarity on the issue.
もっと問題をはっきりさせなければならないと思います。

19 We need to rethink that solution.
そのやり方はもう一度考え直す必要があります。

20 What a quandary! How do we get out of it?
悩ましい問題ですね！どうやって抜け出したらいいでしょう？

21 The only way out is to deal with this issue in greater depth.
この問題の唯一の解決方法は、深く掘り下げることです。

22 There's only one way around this, and that's through it.
解決策はただ一つ、しっかりやり遂げることです。

Laissez-faire なりゆきて

23 Let's settle on a solution that we can all be comfortable with.
全員が満足できる解決方法を決めましょう。

24 Rather than getting off track, we should work together to find a solution.
本題を避けるよりも、皆で一緒に解決策を考えましょう。

25 We need more facts about the situation before we do anything.
何かをする前に、事実関係をもっと把握する必要があると思います。

26 We're not getting much done this way. Why not try something else?
この方法ではそれほど効果は上がっていません。何か別の方法を試してみたらどうですか?

27 What if we took this in a different direction?
違う方向で試してみたらどうなるでしょう?

28 It's time to get better acquainted with this problem, so I suggest...
そろそろこの問題にも精通してきました、私の提案は…

29 We have been doing this when we should have been...
…をしていなければならないときに、私たちはずっとこんなことをしてきています。

30 Doing the same thing repeatedly and expecting different results is the definition of insanity.
同じことを何度も繰り返しているくせに、違う結果を期待するなんて、全く馬鹿げたことです。

31 If we're not part of the solution, we're part of the problem.
私たちは解決のための要素の一つではなく、むしろ問題の一つなのですね。

32 The way forward is to dig deeper, not rush to a solution.
物事を進める方法は、より深く掘り下げることであり、解決策を急ぐことではありません。

Urgent / 急いで

33 Let's not rush this—better safe than sorry.
急ぐのはやめましょう—それでがっかりするより、確実に事を進めましょう。

34 The worst thing we could do is put a temporary bandaid on the issue.
一番いけないことは、この問題に対して暫定的な処置を施して、よしとすることです。

35 I want a comprehensive solution, not a temporary fix.
包括的な解決策が欲しいのであって、一時的な措置ではありません。

36 Why don't we all sleep on it and reconvene tomorrow?
一旦今日は棚上げにして、明日また集まるというのはいかがでしょうか?

37 Maybe we should let the problem solve itself.
(そのうち自然に) 問題が解決するのを待つことにしますか。

38 Sometimes doing nothing is the best solution.
何もしないことが一番の解決策であることも、たまにはあります。

Laissez-faire / なりゆきで

87 | 援助を求める

01 **Would you be so kind as to render your assistance on this matter?**
大変恐縮ですが、この件に関してお力をお貸しいただけないでしょうか？

02 **I apologise for the interruption, but I really could use your help.**
お忙しいところすみませんが、是非お力をお貸しいただきたいのです。

03 **I can't see an end to this project—would you be willing to lend a hand?**
プロジェクトの終わりが見えません―お力をお貸しいただけないでしょうか？

04 **Do you mind helping me sort out this mess?**
この混乱を私が収拾させることに、お力をお貸しいただけませんか？

05 **I'm in dire need of your expertise—do you have a moment?**
あなたの専門的な助けが至急必要です―今お時間はありますか？

06 **I don't yet know how I am going to fix this; do you have any ideas?**
どうやって解決したらいいか、まだ皆目分からないのですが、何かお考えはありますか？

07 **I need to find a solution to this problem; what are your thoughts?**
この問題の解決策が必要なのですが、どうお考えですか？

08 **You may hold the key to the answer.**
あなたなら解決策への鍵をお持ちだと思います。

09 **Help me find the proper solution to the problem.**
適切な解決策を見つける手助けをしてください。

10 **I'd appreciate it if you would help me out with this— I'm stumped!**
どうしたらいいかご教示いただけると、大変有難いです―途方に暮れています！

Professional / プロフェッショナルらしく

11 I need your support or I'll never get out of this dilemma.
あなたのサポートがなければ、このジレンマからは抜け出せません。

12 This seems to be slipping through my fingers—maybe you can do better?
まるで無駄な時間を過ごしているようです―あなたであればもっとうまく対処できるでしょう?

13 I'll listen to any input you might have.
あなたからのどんなアドバイスも、しっかり聞きます。

14 I'd love it if you proposed a solution.
解決策をご提示いただければ、とても有難いです。

15 Would you help me out, please?
助けていただけませんでしょうか?

16 Can you give me some support on this?
何かサポートしていただけないでしょうか?

17 What do you propose as a solution?
どんな解決策をご提案いただけますでしょうか?

18 If only you could help me get out of this bind!
あなたが私を、この苦境から救ってくれるといいのですが!

19 Do you have a solution to this mess?
この混乱への解決策はありますか?

20 I need your brilliant mind/vast experience to help me figure this out.
これを解決するために、あなたの明晰な頭脳が・豊富な経験が、必要です。

21 Help me out, here!
ここから助けてください!

22 Care to take a crack at it?
ためしに、やってみたくはないですか?

Casual / カジュアルに

88 | 複雑な問題を単純化する

01 I'm afraid this is too complex for me—would you be so kind as to simplify the matter?
すみませんが、これは私には複雑過ぎます—恐縮ですが問題を単純化していただけますか？

02 Let's keep this simple: what exactly do you mean?
シンプルにいきましょう、正確には、どういうことですか？

03 Is there any way you can outline just the salient facts?
際立った部分の概要だけを、ご説明いただけますか？

04 I wish I could grasp what you are saying, but I can't.
おっしゃったことをしっかり理解できればいいのですが、できません。

05 I'm afraid your complex approach is far too sophisticated for me.
すみませんが、あなたの複雑なやり方は、あまりに高度過ぎて、私には分かりません。

06 Would you streamline your thoughts? I'm having trouble getting your point.
お考えを簡略化していただけますか？おっしゃっている要点が分かりません。

07 Please don't get too complicated. I'm better when things are stripped down.
どうぞあまり複雑にしないでください。必要最低限のほうがいいです。

08 I like to keep things simple—how about you?
物事はシンプルなほうがいいと思っていますが—あなたはどうですか？

09 Just the main points, please.
主要なポイントのみ教えてください。

10 The more concise the dialogue, the better.
対話は簡潔なほどいいです。

11 Simplicity is the best course for now.
シンプルなのが、今のベストなやり方です。

12　Let's stick to the basics, okay?
基本に忠実にいきましょう、いいですね？

13　I'm afraid this is all over my head.
すみませんが、これでいっぱいいっぱいです。

14　Why do you want to go over all that right now?
なぜその件すべてを、ここで議論したいのですか？

15　Let's stay within the basic framework of the issue.
問題の基本的な枠組みから外れないようにしましょう。

16　Let's not complicate matters unnecessarily.
不必要に物事を複雑にするのはやめましょう。

17　Let's not go down useless tangents and dead-ends.
意味のない脱線や行き詰まった結論にまで進まないようにしましょう。

18　Let's be more brief, shall we?
もっと簡潔にいきましょう、いいですか？

19　Please confine yourself to the fundamentals.
本質的なことに考えを限定してください。

20　The details aren't important—let's just go over the basics.
細部は重要ではありません—基本に則っていきましょう。

21　Tell me exactly what's going on in 25 words or less.
いったい何が起こっているのか、25以下の単語数で教えてください。

22　Just give me the basic outline of the issue.
その問題の基本的なアウトラインを教えてください。

23　This is getting way too complex for me—can we start over?
私にとっては、とても複雑になってきました—もう一度最初から始めてもいいですか？

24 This issue would be more easily understood if we kept things straightforward.
この問題は、直接的に表現すれば、おそらくもっと簡単に理解することができるでしょう。

25 I only have a few minutes, so get to the point.
あまり時間がありませんので、すぐ要点に入りましょう。

26 Just the facts, ma'am [joking]
事実関係だけが知りたいんです、奥さん。[冗談]（刑事ドラマのセリフ）

27 Cut to the chase—I don't have a lot of time.
さっさと要件を言ってくれ―時間がないんだ。

28 You're killing me with all the excruciating minutiae.
そんな異様に細かいことで困らせないでくれ。

29 Remember, KISS means "keep it simple, stupid."
KISS の意味は、keep it simple, stupid（シンプルにしろ、バカ！）、忘れないように。

30 Can you just get on with it?
ぐずぐずしないで、さっさとやれ！

31 Cut out the useless babble!
無駄なおしゃべりはやめろ！

PART 6

89 | 辛いことに直面している人に

CD 234

Personal / 個人的に

01 How can I best help you during this difficult time?
この難しい時期に、私が一番できることは何ですか？

02 I am really concerned about you and I want to help in whatever way I can.
とても心配しています、私のできることでしたら何でもお手伝いします。

03 I am here for you if you need anything at all.
必要なことがあれば何でも言ってください、そのためにいるのですから。

04 I have been where you are now and I completely understand.
以前私も同じような経験をしたことがあるので、お気持ちはよく分かります。

05 I hear you and feel your pain.
お話を聞き、お心の痛みを感じます。

06 While it is easy to feel helpless in times like these, let me assure you that...
こんなときはたやすく絶望を感じるものですが、…であることを私が保証します。

07 I believe we can overcome anything by talking things through.
しっかり話せば、どんなことでも克服できると信じています。

08 This, too, shall pass.
物事には必ず終わりが来ます。

09 Let's face it, life is hard.
現実を認めましょう。人生は厳しいものです。

10 Life sure has a way of blindsiding you, doesn't it?
いきなり不意打ちをくらうようなことってありますよね？

11 We can't escape reality, as much as we want to.
どんなに逃げたいと願っても、現実は現実なので、逃れることはできません。

Less Engaged / 深入りせずに

12 We all have to carry on despite personal problems.
個人の問題がどうであれ、私たちは前に進み続けないといけません。

13 In moments like these, we must be strong.
このようなときこそ、強くならないといけません。

14 That which doesn't kill you makes you stronger.
死ぬほど辛い経験で人は鍛えられます。(ニーチェ『偶像の黄昏』より)

15 You just need to accept what you can't change.
変えられないものを受け入れることが必要です。

16 Everyone goes through tough times; you're no different.
誰にでも困難なときはあります、あなただけが別とはいきません。

17 Well, they say that everything happens for a reason.
まあ、起こることには、いつも理由があるものです。

18 Oh, you will be fine, I just know it.
あなたは大丈夫、私には分かります。

19 Nobody has a corner on suffering, you know.
苦しみもいつか終わりますよ。

20 Buck up—it'll get better.
元気を出して—きっと良くなります。

90 直近の問題について話す

Positive / 前向きに

01 Let's go over what needs to be dealt with and fix it.
何が必要かを検討し、解決しましょう。

02 I believe we can overcome anything by talking things through.
しっかり話せば、必ずどんなことも克服できると思います。

03 We can overcome this challenge if we work together.
一緒にやれば、この難局も乗り越えることができます。

04 We should go over the details to deal with this situation better.
状況を良くするために、詳細を調べてみましょう。

05 A discussion needs to happen in order for us to get out of this quagmire.
この窮地から出るために、しっかり話し合わなければなりません。

06 We can solve this brain teaser if we put our heads together.
各々の知恵を持ち寄れば、この難問は解決できると思います。

07 Let's take another look at the problem.
問題を違う側面から見てみましょう。

08 We need to discuss things further. Do you have a minute?
もっと深く議論することが必要です。お時間はありますか？

09 Sure we're in a dilemma. Discussing our options will help.
もちろん私たちはジレンマを抱えています。選択肢を議論することが役に立つでしょう。

10 Perhaps if we talk more we can sort it all out.
おそらく、もっと話せば、よく整理できると思います。

Negative / 後ろ向きに

11 We should get better acquainted with this challenge.
この困難な問題について、より深く知らなければなりません。

12 We have a lot to learn and not a lot of time. Let's get to the bottom of it.
学ぶことは多く、時間は少ないです。問題の本質に迫りましょう。

13 What's happening isn't making anything easier. Let's discuss it.
今起こっていることで、やりやすい状況になるわけではありません。議論しましょう。

14 This discussion should help somehow.
この議論も何かの足しにはなるでしょう。

15 If we don't work quickly, there will be a lot more trouble downstream.
早急に対処しないと、後になってから問題はより大きくなります。

16 We've got a real problem if we can't clean this up soon.
今ここで解決しておかないと、本当の問題を抱えることになります。

17 If we don't solve this quickly it's going to lead to more serious trouble.
これを早く解決しないと、もっと深刻な問題が待っています。

18 We can't afford to let the situation get any worse.
状況がこれ以上悪くなるのを、そのまま放っておくことはできません。

19 We can't let the situation boil over.
状況を悪化させるわけにはいきません。

20 Without direct immediate action, the problem will only get worse.
すぐに、しかも問題の核心に対して行動しなければ、状況は悪くなるばかりです。

21 This problem isn't going to solve itself.
この問題は放っておいても解決しません。

22 We're on the verge of disaster, here!
今にも大惨事になるぞ！

23 The Titanic is sinking and nobody seems to care!
タイタニック号は沈んでいっているのに、誰も何とかしようとしない！

91 過去の問題について話す

01 We learned a lot from that and are stronger for it.
そこから多くのことを学び、より強くなりました。

02 Those hard times are what made us what we are today.
困難のお陰で、今の私たちになることができました。

03 Thankfully, all of that drama is behind us now.
有難いことに、多くのドラマは今や過去のものになりました。

04 That which did not kill us just made us stronger.
むしろ困難によって、私たちは強くなりました。（ニーチェ『偶像の黄昏』より）

05 That challenge already seems like it's part of the distant past.
その困難も、もうずっと昔の出来事の一部に思えます。

06 The troubles we faced are already in the rearview mirror.
突き当たった問題も、今ではもうバックミラーの中に見えているだけのように思えます。

07 Fortunately, we're past all that now.
有難いことに、もうすべて過去のことです。

08 The issues of the past only make us wiser in the present.
過去の大変だった出来事は、現在の私たちを賢くしてくれます。

09 We faced difficult challenges, but we always knew we'd overcome them.
難しい問題に直面しても、何とか克服できると思っていました。

10 The problems we encountered will be relegated to the history books.
私たちが直面した問題は、歴史の本の中に追いやられるでしょう。

11 We learned a great deal from that, but we need to look to the future.
そこから多くを学びましたが、未来を見据える必要があります。

12 **We can't erase the past, but we can make a better future.**
過去は消せませんが、よりよい未来は創ることができます。

13 **While our troubles are behind us, no one escaped unscathed.**
トラブルは過去のものになりましたが、誰もが傷つきました。

14 **If you don't learn from history you are doomed to repeat it.**
歴史から学ばなければ、また同じ轍を踏むことになります。

15 **Unfortunately we cannot rewrite the past.**
残念ながら、過去を書き直すことはできません。

16 **What's done is done; we just need to move on.**
終わったことは終わったことです、私たちは歩み続けなければなりません。

17 **We didn't handle that well; we need to do better next time.**
今回は、しっかり対処できませんでしたが、次回はもっとうまくやる必要があります。

18 **Sometimes it seems like we're doomed to repeat our past failures.**
どうも私たちは、過去の過ちを繰り返しがちです。

92 プランを提案する

01 I believe my plan gives us the best chance for success.
私のプランこそ、成功のためのベストな機会を提供できるものと信じます。

02 I think you'll agree that my plan is the best choice.
私のプランがベストな選択だと、きっとあなたにもご同意いただけると思います。

03 The only option is to listen to my suggestion.
選択肢は一つだけで、それは私の提案を聞いていただくことです。

04 Experience tells me that my plan will lead us down the right path.
経験に鑑みれば、私のプランこそ成功への正しい道筋です。

05 If we look at my new idea, I think we can accomplish a lot more.
私の新しいアイデアを取り入れれば、より多くのことが達成できると思います。

06 Let's try something new!
何か新しいことにチャレンジしましょう！

07 We need a new direction; who's with me?
新しい方向性が必要です。それに賛同いただく方はどなたですか？

08 I would like to introduce an idea into the mix.
出ている案の中に、私のアイデアも加えたいと思います。

09 There's a new direction I'd like to propose.
新しい方向性を提示したいと思います。

10 How about we do it this way?
この方法でやるのはどうでしょう？

11 Only thorough planning can help us succeed.
十分に検討されたプランだけが私たちを成功に導いてくれます。

12 Please consider using my plan—I think it will help.
私のプランの導入を考慮してください—お役に立つと思います。

13 **We've pondered many options, but I'm in favor of...**
多くのオプションを熟考しましたが、私は…に賛成です。

14 **Our choices are never easy. That's why I'm in favor of...**
簡単に決められることなど決してありません。であれば、私は…のほうがいいと思います。

15 **I have no other choice than to suggest...**
…を提案する以外、選択肢はありません。

16 **I guess we can try my plan if you want.**
よければ私のプランをやってみましょうか。

17 **This probably won't work, but...**
これはおそらくダメかと思いますが、…

18 **It's probably hopeless, but...**
おそらく望みはないとは思いますが、…

93 | 冷静になる必要があるとき

Formal / フォーマルに

01 Please, let's all work together in a spirit of tolerance.
どうか、寛容の精神で、一緒に仕事をしましょう。

02 We can stay focused if we all just calm down.
皆が落ち着きさえすれば、集中して仕事ができると思います。

03 We have to demonstrate that we can keep to the straight and narrow.
私たちが王道を歩み続けられることを、しっかり見せるべきです。

04 Maybe we should regroup and get our thoughts together.
おそらく、ひと息入れてから、一緒に考えるといいと思います。

05 We must concentrate on the task at hand.
今行っているタスクに集中しなければなりません。

06 We must keep the peace to keep moving in the right direction.
正しい方向に進み続けるために、平静を保たなければなりません。

07 The emphasis must be on the work, not our differences.
重要なのは仕事の内容についてであって、決して意見の相違ではありません。

08 I'm asking everyone to remain calm.
皆さん、落ち着いてください。

09 Everybody take a deep breath, please.
皆さん、深呼吸をどうぞ。

10 Please stay calm—we need to find solutions.
落ち着いてください―解決策が必要です。

11 This is no time to fly off the handle.
自制心をなくしている（キレてる）場合じゃありません。

12 I can't keep my concentration with all this static.
そんなに邪魔されては集中できません。

Casual / カジュアルに

Formal / フォーマルに

13 It's impossible to hear yourself think with all this commotion.
こんな事態の中、自分の考えをまとめることなど不可能です。

14 I can't work in all this upheaval.
こんなに大混乱な中では、仕事はできません。

15 Let's not lose our heads over this.
落ち着いてください。

16 Everyone keep the peace.
皆さん、平静を保ってください。

17 Settle down, everybody!
落ち着け、みんな！

18 Be still, everyone!
静かに、みんな！

19 Keep cool, everyone!
冷静に、みんな！

20 Don't get your knickers in a twist!
些細なことで、イライラしない！

21 Everyone, just calm down/pipe down/shut up!
みんな、落ち着いて・静かに・黙れ！

Casual / カジュアルに

94 警告する

Subtle / かすかに

01 Are you sure you want to do that?
本当にやりたいですか？

02 You probably don't want to do that.
おそらくあなたはやりたくないでしょう。

03 Maybe you should rethink this/sleep on it.
おそらく、考え直したほうが・しばらく寝かせたほうが、いいと思います。

04 I just want to be sure you know what you're getting yourself into.
何をしているのか分かっているかどうか、念のために確認したいのですが。

05 I'm aware that you know what you're doing, but please rethink this.
何をしているのか分かっているとは思いますが、どうか考え直してください。

06 I would not advise you to…
…はしないほうがいいと思います。

07 I would suggest that you…
…のほうがいいと思います。

08 Wouldn't it be more rational to…
…のほうが理にかなっていると思います。

09 Do you think it's possible that this is a bad idea?
もしかしたらこれは悪いアイデアかもしれない、と思いませんか？

10 Only fools rush in.
愚か者だけが急ぎます（躊躇せず飛び込んでいくものです）。

11 I'm begging you to please avoid this.
頼みますから、これは避けてください。

12 Here's what you're in for if you go that route.
このままいけば、悪い結果が待っています。

13 This does not portend good things for you.
これは良いことの前兆ではありません。

Bold / はっきりと

14 **This certainly won't bode well for you.**
確実に良い前触れではありません。

15 **This won't end well.**
めでたし、めでたし、とはいきません。

16 **With that kind of mindset, prepare yourself for the worst.**
そのように考えるのであれば、最悪の事態に備えてください。

17 **Don't come crying to me if things don't work out.**
うまくいかなくとも、泣きついてくるなよ。

18 **I'm not responsible if things blow up in your face.**
ダメになっても、私には責任はありませんよ。

19 **I don't want to say, "I told you so."**
「だから、そう言ったのに」とは言いたくないのです。

20 **Terrible idea—don't say I didn't warn you.**
ひどいアイデアだ—警告しなかったとは言わないでくださいね。

95 | 不満を伝える

Civil / 礼儀正しく

01 If I did not care, I would not say anything about it.
気にならなければ、あえてこんなことは言いません。

02 I want to give you the opportunity to address my concerns.
私の心配をお伝えしたく思います。

03 You're doing well, but here is where you can improve.
よくやっていると思いますが、ここを変えるともっといいと思いますよ。

04 I'm usually not one to complain—are you happy with things?
いつもだったら不平は言わないのですが—あなた自身はこれで満足ですか？

05 Look at it from my point of view...
私の視点から申し上げますと…

06 I don't want to be disrespectful, but this just isn't right.
無礼なことは申し上げたくないのですが、単純にこれは正しくないです。

07 I don't want to make a fuss, but this isn't working for me.
大げさに騒ぎ立てたくないのですが、これではうまくいきません。

08 I normally don't whine, but I have to make an exception.
いつもなら、たらたら泣き言は言わないのですが、これは例外です。

09 I usually don't gripe about things, but this has gone too far.
普段は不満ばかり言うわけではないですが、これは行き過ぎです。

10 Don't you have a problem with what happened?
これで問題なし、とするのですか？

11 You may be okay with this, but I'm not.
あなたはいいかもしれませんが、私はそうではありません。

12 If you cared about my feelings, you'd change this.
私の気持ちを考慮してくれるなら、これを変えてください。

Blunt / ぶっきらぼうに

Civil / 礼儀正しく

13 I object to/am disappointed in the way you...
あなたの…のやり方に、反対です・がっかりです。

14 I have a bone to pick with you.
ちょっと文句があるのですが。

15 This isn't the right way to treat people.
これは人に対する正しい接し方ではありません。

16 This will never do.
これじゃ全然ダメです。

17 This is completely unacceptable.
これは完全に受け入れられません。

18 You have completely lost my respect.
完全に尊敬できなくなりました。

19 I'm just about done here.
そろそろ限界です。

20 You screwed up royally.
完全に台無しです。

21 I no longer wish to do business with you/stay married to you/work for you.
もうあなたと、仕事をしたく・結婚していたく・あなたのために仕事をしたく、ありません。

Blunt / ぶっきらぼうに

96 | 不平に応える

Empathetic / 共感して

01 **If you're unhappy, I'm unhappy.**
あなたが不満なら、私も不満です。

02 **If I had to deal with what you are describing, I would be upset, too.**
あなたが説明している状況に対処しなければならなかったら、私も同じように動揺したでしょう。

03 **I understand your concerns and I promise I will resolve things to your satisfaction.**
ご心配は理解しましたので、満足いくように解決することをお約束します。

04 **I agree that this was terrible—I promise I will make it better.**
これはひどいと私も思います―何とか改善してみましょう。

05 **I understand why you would feel that way—I will do what I can to address it.**
なぜそんなふうに思うかはよく分かります―何とかできる限りやってみましょう。

06 **I will not give up until you are completely satisfied.**
あなたが完全に満足するまで諦めません。

07 **I want to know everything so I can correct the problem immediately.**
すべてを理解したいです、そうすればすぐに問題を解決できます。

08 **Help me understand the issue so I can give you my best help.**
問題を理解するためにお力をお貸しいただければ、私も最善を尽くしてお手伝いできます。

09 **Now that I understand what's bothering you I can begin to address it.**
お困りの点が分かりましたから、対応することができます。

Bold / 遠慮なく

10 **We'll do everything to fix this as soon as possible.**
解決のために、できる限りのことは、すぐにやりましょう。

Empathetic 共感して

11 Sorry about all that—we're working on it.
大変でしたね―今からうまくやりましょう。

12 Please understand, this was completely unintentional.
どうぞご理解ください、わざとやったわけでは全くありません。

13 Let me assure you that this is the exception, not the rule.
これは例外であり、通例ではありませんのでご了解ください。

14 I understand your problem, but we can only do so much.
困っているのは分かりますが、できるのはここまでです。

15 This isn't my fault, but I'm doing my best to make things better.
私の過失ではありませんが、より良くなるように最善を尽くしています。

16 You'll have to be patient. I'm checking with my superiors.
我慢してください。今、上司に確認しています。

17 There is nothing I can do for you right now.
今、私にできることはありません。

18 It's very easy to assume when we don't know.
知ったかぶりをするのは簡単です。

19 I can't do much to help when somebody is talking this way.
そんなふうに話をされたら、してあげられることはそんなにないですね。

20 Don't be so unpleasant—I'm doing the best I can.
そんなに不愉快にならないでください―今、最善を尽くしています。

21 Complaining isn't very constructive, you know.
不平を言うことは、それほど建設的なことではないのですよ。

Bold 遠慮なく

22 **Your complaint isn't top priority right now.**
不平への対応が、今一番の優先順位というわけではありません。

23 **Shouting/your attitude isn't making anything better.**
大声で叫ぶことは・あなたの態度は、何も進展をもたらしません。

24 **Nobody's perfect.**
完全な人はいません。

25 **Not my problem.**
私の問題ではありません。

26 **I don't care.**
関係ありません。

97 否定的になっている人に

Sympathetic / 思いやりのある

01 I totally understand what you're saying and agree that you have a right to be upset.
おっしゃることは十分分かりますし、驚いて当然です。

02 I'm sorry you're having a bad day—what can I do to help?
残念ながら、今日はついてないですね—何か私にできることはありますか？

03 I know it's tough, but let's try to stay positive.
大変なのは分かりますが、前向きにいきましょう。

04 Let's start today by turning our negatives into positives.
後ろ向きな部分を前向きに変えて、今日一日を始めましょう。

05 Let's focus on being constructive, okay?
建設的に考えることに集中しましょう、いいですね？

06 I know you're having a rough day, but...
大変な一日ですね、でも…

07 Every problem has a solution, you know.
どんな問題にも解決策はあります。

08 So what are you going to do about it? What's your plan?
それで、どうするつもりですか？あなたのプランは？

09 Sure there's a problem, but you need to push through it.
もちろん問題はありますが、それを乗り越えてやり遂げないといけません。

10 Remember that your attitude has an effect on morale.
あなたの振る舞いは士気を左右することをお忘れなく。

11 This kind of talk is making things worse than they really are.
このように話すこと自体、物事を実際よりも悪いほうにもっていってしまっています。

12 Why are we even talking about that?
なぜいまだにそのことを話しているのですか？

Unsympathetic / 思いやりのない

PART6 問題を解決する

Sympathetic / 思いやりのある

13 Don't you think you're exaggerating a little?
多少大げさに考えているんじゃないですか？

14 Feelings aren't facts.
感じることは、事実とは違います。

15 Are you going to be in this kind of a mood all day?
今日は一日中、こんな気持ちで過ごすつもりですか？

16 Come on, you're not being very professional/helpful/easy to live with.
よしてくれよ、あまりプロフェッショナルらしくないよ・助けにならないよ・うまくやっていけないよ。

17 You're letting this get the best of you.
こんなことに気持ちを乱されてはいけません。

18 We're catching your negative vibe like a virus.
あなたの否定的な波動がウイルスのように伝染しています。

19 Whining never accomplished anything.
メソメソしたところで、何もやり遂げられません。

20 This is no time to be pessimistic.
悲観主義者になる時間はありません。

21 Don't embrace the negative.
否定的な感情を持たないでください。

22 You're just being a defeatist.
あなたはただ敗北主義者になっているだけです。

23 A lot of people have it much worse.
もっと悪い状況の人はたくさんいます。

24 You're making a big deal out of nothing.
大げさに騒ぎ立てても、骨折り損です。

25 This isn't the time or the place for that kind of chatter.
そんなおしゃべりをするタイミングでも場所でもありません。

Unsympathetic / 思いやりのない

Sympathetic 思いやりのある	

26 **You're harshing everyone's mellow.**
みんなの楽しい気分が台無しです。

27 **You're bringing down the energy of this place.**
あなたは場を盛り下げています。

28 **Please, don't add your personal problems into the mix.**
どうかあなたの個人的な問題を持ち込まないでください。

29 **Your cynicism/negativity is making me depressed/tense/upset.**
あなたの冷淡な・否定的な態度は、私を落ち込ませます・緊張させます・驚かせます。

30 **I'm really not in the mood for this right now.**
今は全くそのような気分ではありません。

31 **I've heard just about enough of that from you.**
その話は、もうあなたから十分聞きました。

32 **Should we all throw a pity party for you? [sarcasm]**
あなたを慰める会を開きましょうか？ ［皮肉］

33 **Should we call you Eeyore? [sarcasm]**
あなたをロバのイーヨーと呼びましょうか？ ［皮肉］（『くまのプーさん』の登場人物。陰気で悲観的な性格）

34 **That's life—get over it.**
これが人生―乗り越えろ。

35 **I feel exhausted just listening to you.**
あなたの話を聞いているだけで疲れました。

36 **Please just put a lid on it.**
頼むから、黙っててくれ。

Unsympathetic 思いやりのない

98 複雑な問題を単純化し過ぎる人に

PART6 問題を解決する

CD 255

丁重に / Courteous

01 This might be a bit more complex than the way you're describing it.
これはあなたが説明してくれたよりも、もう少し複雑なものかもしれません。

02 I think there's more than one side to this issue.
この問題には、一つだけではなくいくつかの側面があると思います。

03 I understand the advantage of boiling things down to their essence; however...
問題を、本質的な部分に要約する利点は分かりますが。しかし、…

04 In reality, the issue is a lot more complex, don't you think?
実際には、問題はもっと複雑だと思われませんか？

05 A more sophisticated inquiry into the issue might be more helpful.
もう少し掘り下げて問題を調べれば、より役立つのではないでしょうか。

06 God is in the details.
神は細部に宿ります。

07 Cutting a complex issue down to its component parts is not always wise.
複雑な問題を部分に分解するのが、いつでも賢いやり方とは言えません。

08 You cut to the chase almost before the movie began.
映画が始まる前に、クライマックスを見ているようです。

09 You can't simplify things to such an extreme.
そこまで物事を単純化することはできません。

10 That's basically the stripped down version of the issue.
基本的に問題の必要最小限だけを残した解釈ですよね。

11 You can't prune everything off and still expect it to be a tree.
枝をすべて切り落としておきながら、元の木と同様ということはありえません。

ぶっきらぼうに / Blunt

12 I think you're dumbing this down.
問題を単純化し過ぎだと思います。

13 That's a myopic way of looking at it.
それは近視眼的な見方です。

礼儀

PART 7

Courtesy is as much a mark of a gentleman as courage.
___Theodore Roosevelt

礼儀正しいことは、勇気と同様、紳士を定義するたしなみの一つである。
────セオドア・ルーズベルト（第26代アメリカ大統領）

introduction

取り立てて危機的な状況ではない、例えばありふれた日常生活の中にあっても、リーダーは持てる能力やカリスマ性を表に出すべきであり、その一つが礼儀正しさです。礼儀正しく振る舞うことは相手の警戒心を解くことであり、どんなにエネルギーに満ち溢れたリーダーも、謙虚に振る舞うべきときがあるものです。ここでは礼儀に関する次の6つのポイントが役に立つでしょう。

1 自分がしてほしいように、他者にも接する

　誰かが誰かに声を荒げている。命令的な口調とトーンで、しかもとても無礼な表現で。オフィスでのそんな光景を、おそらく一度や二度は目にしたことがあることと思います。両当事者にとって何の役にも立たないことは言うまでもありません。ほんの少しの礼儀をわきまえていれば、それは言うまでもなく、相手に共感したり、尊敬したりということですが、もっと互いに気持ちよく接することができたはずです。もし、あなたがこのような場面に遭遇したら、深呼吸して心を落ち着かせ、平静を保ち、建設的に、そして礼儀正しく議論できるようになってから、再度ミーティングを招集しましょう。

2 笑顔で対応する

　人は笑顔でいるだけで、思いやりがあって、気さくな印象を醸し出すことができます。笑いは、ストレスも大いに発散させてくれます。あなたが笑いかければ、笑いかけられたほうも笑顔になり、楽しい空気が周りに広がります。常識に反して、実は真のリーダーは、近寄りがたかったり、怒りっぽかったり、また人を怯えさせるような振る舞いを身につけようとはしないものです。

3 隔たりのない表現に気を配る

　生まれつき礼儀正しく会話ができる人は、他人の見解や表現の仕方に関係なく、概して、誰もに開かれた物の見方をします。ここで言う、隔たりのない（inclusiveな）表現とは、真のリーダーであれば特に、差別的な表現や、性差別主義者的な言葉を避けるという意味です。具体的には、例えば「ポリスマン（男性警官）」と言う代わりに、「ポリスオフィサー（警察官）」を、「スチュワーデス（航空機の女性給仕係）」の代わりに「フライト・アテンダント（航空添乗員）」を使うなどです。言語は、それを司る人の生活や人生を、そして周りの人たちの人生をも形作る力を持っているのです。

4　身振り手振りや、声の調子などにも配慮する

　リーダーとして優れたコミュニケーターになるためには、身振りや手振りによるコミュニケーションは身につけるべき必須科目です。心理学者でビジネスコンサルタントでもある、ジェイムズ・ボーグ氏によれば、人間のコミュニケーションの93％は、身振りや手振り、あるいはそれに準じた、体やその動きなどによるものであり、残りのわずか7％が言葉によるコミュニケーションとのことです（『Body Language:7 Easy Lessons to Master the Silent Language』2008年　未訳）。ですから、身振り手振りは、人々の本当の考えや、心の状態を表す一番の道具です。自分がどのように身体を使ってコミュニケーションしているか、自身を鏡に映して、あるいはこちらのほうがより正確ですが、ビデオに撮って、じっくり見てみてください（注意：そこに映っている自分の姿にショックを受けないように！）。話すときは身振り手振りを意識して効果的に用い、相手をまっすぐ見て話します。抑揚のきいた、中ぐらいの高さで声を出し、話の本筋からずれたり、自分のコミュニケーションの効果を弱めてしまうような、感情的な大声は出さないようにしてください。

5　ゴシップを避ける

　コピー機の周りや給湯室で、おいしい噂話にふけるのは確かに楽しいかもしれません。しかし、本人の耳にそれが届いて困ったことになるのは、実は噂をしているこちら側です。たとえ仲間との繋がりは感じられるとしても、放たれたゴシップは人を不快にします。面と向かってそう言われることがないとしてもです。本当に礼儀正しい人は、他の人を悪く言ったりはしないものです。このことはまた、他者からの信頼を得ることにも繋がります。周りの人はあなたが他者を悪く言わないことを知っているので、自分のことも悪く言ったりはしないだろう、と信頼を置くことができるからです。

6　話の途中で割り込まない

　もしあなたに人の話を遮る癖があるのなら、周りはあなたを無礼で理屈っぽく自己中心的な人物と見なすでしょう。そして、そのことはリーダーであるあなたにとって、何の役にも立ちません。本当に礼儀正しい人は、話し手が言いたいことを話し終わるまで聞き、それから自分が話し出します。もしいくつか質問が思い浮かんだら、会話を遮ってすぐに聞くようなことはせず、メモしておいて、相手が話し終わったら質問するようにすればいいのです。

99 | 助けを求めるとき

Formal / フォーマルに

01 Would you be so kind as to render your assistance in this matter?
恐縮ですが、この件に関して手を貸していただけませんか？

02 I would be grateful for any help you could offer.
どのような申し出も、とても有難いです。

03 I would hold your offer of help in the highest regard.
お申し出に、心から敬意を表したく思います。

04 Far be it from me to bother you, but would you...
ご面倒をおかけするつもりはさらさらありませんが、恐縮ですが…

05 You're certainly under no obligation, but would you...
これはもちろん義務ではありませんが、恐縮ですが…

06 Only when you get a chance, would you...
もし機会があれば、すみませんが…

07 When you have a moment, would you...
時間があるときで結構です、すみませんが…

08 If it doesn't take too much time, would you please...
お手間でないようであれば、すみませんが…

09 I was wondering if you would possibly...
もし可能であれば、…いかがでしょうか？

10 Helping me right now would be the ultimate act of kindness.
今助けていただくことは、私への究極の優しさになるでしょう。

11 Please help me get through this minor catastrophe.
この小さな混乱を切り抜けるためにお手を貸してください。

12 I would appreciate a little assistance with this.
ちょっとしたことでいいので、手助けいただくと有難いです。

Casual / カジュアルに

13 **Would you mind helping me with this? It shouldn't take long.**
お手伝いいただけないでしょうか？お時間はとらせません。

14 **If you're okay with it, would you please...**
あなたがよければ、恐縮ですが…

15 **Would you please lend me a hand?**
お手をお貸しいただけませんか？

16 **I need a favor, please!**
お願いがあるのですが！

17 **Do me a solid, won't you?**
お願いを聞いていただけますか？

18 **I'll owe you one for sure.**
借りが一つできますね。

19 **You know I'd do it for you! [joking]**
あなたのためを思って、お願いしているんです。[冗談]

20 **Man overboard! [joking]**
誰か海に落ちたぞ！ [冗談]

100 助けを差し伸べるとき

Formal / フォーマルに

01 **I am, as always, at your disposal.**
いつでもおっしゃる通りにいたします。

02 **Please allow me to be of assistance.**
お手伝いさせてください。

03 **Ask and you shall receive.**
求めよ、さらば与えられん。(聖書の引用)

04 **If you should ever need my help, please feel free to let me know.**
手助けが必要なときはいつでも、気軽にお知らせください。

05 **How can I best help you?**
どうすれば一番うまく、あなたのお役に立てますか?

06 **I'm here to support you in any way I can.**
私にできるすべてで、あなたを支援します。

07 **You can always count on me.**
いつでも私を頼りにしてくれて結構です。

08 **What kind of friend would I be if I didn't help you?**
もし私があなたを助けなかったら、いったい何が友達なんでしょう。

09 **I know you would do it for me.**
あなただって、こうするでしょう。

10 **Is there anything I can do?**
お手伝いできることはありますか?

11 **Let me know if I can do anything, okay?**
私にできることがあったら教えてください、いいですね?

12 **Do you need a hand with that?**
手助けが必要ですか?

13 **You look like you could use some help—am I right?**
手助けが必要なように見えるのですが—そうではないですか?

Casual / カジュアルに

14 I can help you but it's going to cost you. [joking]
助けてあげられますが、高くつきますよ。[冗談]

15 If I didn't help you, how could I sleep at night? [joking]
もし助けなかったとしたら、今夜どうやって眠ったらいいでしょう？[冗談]

16 Give a holler if you need anything, okay?
必要なときは大声で呼んでください、いいですね？

101 | 助けを求められたとき

Empathetic / 共感しながら

01 I would be delighted to assist you in this matter.
喜んでお手伝いします。

02 Of course, I'd love to!
もちろん、喜んで！

03 I was hoping you'd ask.
あなたが頼みにきてくれたらいいなと思っていました。

04 I'd be glad to help.
喜んでお手伝いします。

05 You can always count on me.
いつでも私を頼りにしてください。

06 There's no need to ask me twice.
二度頼む必要はありません。(一度言ってくれたら、しっかりお手伝いします)

07 You're always there for me, aren't you?
あなたはいつでも私を助けてくれたでしょう？

08 I guess I can try to help.
おそらくお手伝いできると思います。

09 Okay, but I probably won't be of much help to you.
了解です、でもあまりお役に立てないかもしれません。

10 I'll see what I can do, but don't get your hopes up.
できる限りやってみますが、期待し過ぎないでください。

11 Okay, but you really owe me one.
オーケーです、貸し一つですよ。

Rejecting / 拒否を含んで

12 I regret that I can't be of assistance in this matter.
恐縮ですが、その件に関してはお手伝いできません。

13 I'd love to help you but I just can't right now.
お手伝いしたいのはやまやまですが、今はできません。

PART7 礼儀

Empathetic / 共感しながら

14 I'd like to but I'm already up to my neck.
是非お手伝いしたいのですが、すでに手いっぱいです。

15 I don't have the time, unfortunately.
残念ながら時間がありません。

16 I'm going to have to decline.
お断りしないといけません。

17 I don't think that's something I'm going to do.
お手伝いできることがあるとは思えません。

18 Why should I?
私でなければできないことでしょうか？

19 You need to figure it out yourself.
ご自身で何とかする必要があると思います。

20 Have you ever heard of learned helplessness?
「学習性無気力」という言葉を聞いたことがありますか？

21 Get lost!
失せろ！

Rejecting / 拒否を含んで

102 感謝するとき

Professional / プロフェッショナルらしく

01 I very much appreciate everything you've done.
ご対応に心から感謝いたします。

02 I greatly appreciate all your efforts.
ご尽力に心から感謝します。

03 Thank you so much.
大変有難うございます。

04 I am eternally in your debt.
あなたには永遠に借りがあります。

05 There's no way to thank you enough.
どんなに感謝しても、感謝のしようがありません。

06 How can I ever express my gratitude?
この感謝の気持ちをどうやって言い表せばいいのでしょう?

07 Words cannot describe how grateful I am.
言葉ではこの感謝の気持ちを伝えられません。

08 I'm so grateful for all you've done.
ご尽力にとても感謝しています。

09 How can I thank you for all your hard work?
これほどのご尽力に対して、どう感謝すればいいのでしょうか?

10 People like you are a rarity these days.
近頃あなたのような方にお会いできることはめったにありません。

11 I don't think anyone else could have helped as much as you.
あなたがしてくれたようなサポートは、他の誰にもできなかったでしょう。

12 I would like to thank you from the bottom of my heart.
心の底からの感謝を申し上げます。

13 Without your help I would have been floundering.
あなたのお力添えがなかったら、四苦八苦していたでしょう。

Casual / カジュアルに

14 **I really appreciate all you've done for me.**
していただいたこと、すべてに感謝します。

15 **That was very kind of you.**
優しいのですね。

16 **I owe you one.**
借りが一つです。

17 **You're a gem, thanks!**
あなたは本当にいい人です！

18 **You rock!**
君は最高だ！

103 | 感謝されたとき

Formal / フォーマルに

01 You are most welcome.
どういたしまして。

02 I'm glad I could help.
お手伝いできて嬉しいです。

03 It was the very least I could do.
これが、私にできるせめてものことです。

04 I am so glad I could be of service.
お役に立てて嬉しいです。

05 I would do it again in a heartbeat.
次回も喜んでやらせていただきます。

06 If you're happy, I'm happy.
あなたが嬉しいと、私も嬉しいです。

07 It's always a pleasure.
いつでもどうぞ。

08 My pleasure.
どういたしまして。

09 No problem.
問題ありません。

10 Happy to help.
お手伝いできて嬉しいです。

11 You bet!
別にいいですよ!

12 Pray, don't mention it. [joking]
お礼は不要ですので、祈ってください。[冗談]

13 Ah, it was nothing. [joking]
いえいえ、どうってことはありません。[冗談]

Casual / カジュアルに

14 Next time, I'll charge you! [joking]
次のときは、ご請求させていただきます！［冗談］

104 賛辞を述べるとき

01 I admire you greatly.
心から称賛しています。

02 I think so highly of you.
とても尊敬しています。

03 People like you are a rarity.
あなたのような人にはめったにお目にかかれません。

04 You're someone I would like to emulate.
是非見習わせてください。

05 You're obviously a person of great skill/intelligence/experience.
あなたは明らかに、素晴らしいスキル・知性・経験の持ち主です。

06 You always strive for excellence.
いつも最高を求めて努力されています。

07 You are so impressive.
お見事です。

08 I admire you so much.
あなたには敬服します。

09 I take my hat off to you.
敬意を表します。

10 You're a real mover and a shaker.
あなたは本当に人々を動かし、揺さぶることのできる人です。（本当の実力者です）

11 You're one of a kind.
大した人だ。

12 I think you're awesome.
あなたはイケてると思います。

13 You're a winner.
あなたは勝者です。

14 You're a real go-getter.
あなたが本当のやり手です。

15 You're the best.
あなたが一番です。

16 You are my hero.
あなたは私のヒーローです。

17 If I could be anyone else, it would be you. [joking]
誰かになれるとしたら、あなたになりたいです。[冗談]

18 I wish I could be you for a day. [joking]
一日だけでも、あなたになれたらいいのに。[冗談]

19 You're great.
あなたは素晴らしいです。

20 You're awesome.
イケてます。

21 You rock!
あなたはすごい！

105 | 褒められたとき

Accepting / 受け入れる

01 Tell me something I didn't already know.
（照れながら）何か私の聞いたことのない、別の話題にしませんか。

02 Yes, I am fabulous, aren't I?
ええ、私は素晴らしいでしょ？

03 How kind of you to say so.
なんて優しい言葉でしょう。

04 Thank you, that's very nice of you to say.
有難うございます、素敵な言葉をいただきました。

05 Thank you for the compliment.
お褒めの言葉を有難うございます。

06 That is praise indeed, coming from you.
あなたのような（素晴らしい）方からおっしゃっていただくのが、本当の褒め言葉です。

07 Oh stop, before my head gets too big. [joking]
おやめください、私がのぼせてしまう前に。[冗談]

08 Ah, it takes one to know one. [joking]
いえいえ、あなたに言われたくはありません。[冗談]

09 I truly appreciate that.
本当に感謝します。

10 I don't know what to say.
何と言ってよいのか分かりません。

11 Flattery will get you nowhere. [joking]
お世辞を言ってもダメですよ。[冗談]

12 Stop, you're making me blush.
やめてください、顔が赤くなってしまいます。

Deflecting / 受け流す

13 I can't take all the credit, you know.
手柄を独り占めするわけにはいきません、お分かりでしょう。

14 It wasn't just me—I had a great deal of help.
私一人でやったわけではありません―多くの手助けをいただきました。

15 There's no "I" in "team."
「私一人」ではなく、「チーム」でなした成果です。

16 I can't take credit for that, but thank you.
私一人の手柄ではありませんが、有難うございます。

17 I really can't take credit for it.
本当に私一人でやれたことではありません。

18 I'd do the same thing even if no one were around to notice.
誰一人気づく人がいなくても、私は同じことをすると思います。

19 I only did what any ordinary person would do.
普通の人がするだろうということをしたまでです。

20 I don't deserve such flattery.
そのような賛辞に値するものではありません。

21 Oh, it was nothing special/no big deal.
いえいえ、別に、特別のこと・大げさなこと、ではありません。

22 C'mon, that's not true.
待ってください、それは違いますよ。

106 | 招待されたとき

Accepting / 承諾する

01 Thank you so much for thinking of me.
私を招待しようとお考えいただき、有難うございます。

02 I would be honored to attend.
謹んで出席させていただきます。

03 I'd love to come.
是非参ります。

04 You can count on me to be there.
出席させてください。

05 There's nowhere else I'd rather be.
行くべきところが、ほかのどこにあるのでしょう。

06 Thank you so much for the invitation—I'd be delighted.
ご招待有難うございます―喜んで出席します。

07 I will be there with bells on.
喜んで出席いたします。

08 Consider this my R.S.V.P.!
これをもって出席のご連絡とお考えください。

09 You don't have to ask me twice.
二度聞かなくても大丈夫です。（迷うことなく出席します）

10 I've already got it marked down in my book/calendar.
もうすでに、予定帳に・カレンダーに、印は付けました。

11 I'd like to be there—is the agenda/guest list set yet?
出席したく思います―式次第・ゲストリスト、はありますか？

12 I'd like to attend. Would you e-mail me the details?
出席したく思います。詳細をメールにてご連絡いただけますか？

13 I can only accept if I know a little more about the event.
お受けしたく思っておりますが、もう少しイベントの詳細をお知らせください。

Rejecting / 断る

PART7 礼儀

Accepting / 承諾する

14 I'd like to but I need to check my calendar.
出席したく思いますが、予定をチェックさせてください。

15 I really don't want to double book, so let me check.
ダブルブッキングは避けたいので、予定を確認させてください。

16 I have a lot going on right now. Can I get back to you tomorrow?
今予定が詰まっておりまして。明日お返事させていただいてよろしいですか?

17 I'm so busy these days—not sure if I can make it.
この頃とても忙しいものですから—出席できるかどうか分かりません。

18 If it was on another day, maybe.
別の日だったら行けたのですが。

19 Probably not—I'll have to get back to you.
おそらく駄目です—追って確実にお返事します。

20 Unfortunately I can't break free, not even for a moment.
残念ながら、少しも手が離せないんですよ。

21 Unfortunately I have a previous engagement.
残念ながらすでに約束があります。

22 I hate to turn you down, but I'm tapped out these days.
がっかりさせるのは嫌なのですが、この頃財布が空っぽなんです。

23 I'd like to, but I have something else going on.
行きたいのですが、ほかにいろいろありまして。

24 I have to give you my regrets—but I'm sure you'll have a great time without me!
大変申し訳ないのですが行けません—でも私なしでも楽しめますよ!

25 I'm tied up that day, sorry.
予定が詰まっていまして、すみません。

Rejecting / 断る

26 I just don't have time for a social life these days.
この頃、皆さんとお付き合いする時間がないんです。

CD 272

107 | 言ってしまったことを謝る

Humble / 謹んで

01 There's no excuse for what I said; please forgive me.
弁解の余地もありません、許してください。

02 I really have a knack for saying the wrong thing. I am so sorry.
ついつい間違ったことを言ってしまいます。本当にすみません。

03 Please let me apologize; that was an awful thing to say.
謝らせてください。バカなことを言いました。

04 I always put my foot in my mouth, it seems; please forgive me.
言ってはいけないことを、いつも言ってしまうようです。どうぞお許しください。

05 Clearly, I wasn't thinking clearly when I said that. I apologize.
明確に考えずにお話ししてしまったことこそ、明確です。謝ります。

06 I feel horrible about what I said; let me make it up to you.
言ってしまって、ひどい気分です。埋め合わせをさせてください。

07 I wish I could take it all back; I feel terrible.
できることならすべて撤回したい、それくらいひどい気分です。

08 I spoke without thinking—can I have a do-over?
考えもなく話してしまいました―やり直せますか？

09 I feel like a complete klutz about what I said.
完全にマヌケなことを言ったとしか思えません。

10 What I said was wrong, I admit it.
言ったことは間違いでした。認めます。

11 I recognize that I stepped out of bounds with that remark.
一線を越えたことを言ったのは気づいています。

Arrogant / 傲慢に

12 **Please allow me to rectify the situation.**
状況を修復させてください。

13 **I'd like to restate that, please.**
言い直させていただいてもよろしいですか。

14 **May I retract my statement?**
（お話ししたことを）取り消してもいいですか？

15 **I can't believe I said that.**
（そんなことを）自分で言ってしまったことが信じられません。

16 **I didn't mean any harm, you know.**
誰かを傷つけるつもりは全くありませんでした。

17 **Let me rephrase that/take it back.**
言い直させて・戻らせて、ください。

18 **If I crossed the line, I apologize**
最後の一線を越えたとしたら、謝ります。

19 **There's no excuse for what was said.**
言ってしまったことに、弁解の余地はありません。

20 **I didn't think you were going to take it so personally, sorry.**
あなたがそのように個人的なこととして受け止めるとは思っていませんでした、すみません。

21 **I was just having a bad day.**
今日はついてない日でした。

22 **My tongue got the better of me.**
舌が勝手に動いてしまいました。

23 **Please pay no mind to what I said.**
私の言ったことは気にしないでください。

24 **Whoa—did I say that out loud?**
おっと—今言ったこと、聞こえちゃいましたか？

	Humble 謹んで		
		25	**I guess I had a lapse in judgment.** 判断を誤ったと思います。
		26	**I think I had my brain in neutral when I said that. [joking]** 脳のギアがニュートラルに入っていたと思います。[冗談]
		27	**I apologise if I misspoke or hurt your feelings in any way.** 何らかの点で、私の口が滑ったり、あなたの感情を害したのなら、謝ります。
		28	**Accept my apologies if what I said was wrong.** 私が間違ったことを言ったとすれば、どうぞ謝罪を受け入れてください。
		29	**I said what I said because you caught me off guard.** 不意を突かれて、つい言ってしまいました。
		30	**I know I made a mistake, but I'm only human.** 間違ったことは分かりますが、私も人間です。
		31	**Have you never made a mistake?** 今の今まで、あなたは一度も間違ったことはないのですか？
		32	**Don't be so sensitive.** そんなに神経質になりなさんな。

108 | やってしまったことを謝る

Humble / 謹んで

01 Please forgive me; there is no excuse for my actions.
許してください。私の行動に関して弁解の余地もありません。

02 My actions were inexcusable; please forgive me.
私の行動は言い訳のできないものでした。許してください。

03 I really made a mess of things; I hope you can forgive me.
本当に台無しにしてしまいました。許していただけますでしょうか。

04 I am sorry I did you wrong—please allow me to make it up to you.
悪いことをしてすみません—埋め合わせさせてください。

05 I regret it and I promise it will never happen again.
後悔しています、そして二度としないと約束します。

06 I can't tell you how sorry I am for what I did.
私のしたことに対して、どれほど反省しているか伝えきれないくらいです。

07 I hope you can forgive me for my thoughtlessness.
思慮に欠けた行いをどうか許していただけたらと思います。

08 Words can't express how much I regret my actions.
私の行動に対して、どれほど後悔しているか言葉では表現できません。

09 I never, ever meant to hurt/disrespect you.
決して決して、傷つける・無礼な態度をとる、つもりではありませんでした。

10 Hurting you was the last thing on my mind.
あなたを傷つけることなど思いもよりませんでした。

11 Even though I'm sorry, I know that won't make it go away.
申し訳なく思ったとしても、取り消せるわけではないことは承知しています。

12 Obviously I regret what I did, even if I didn't know it was wrong.
やったことは本当に後悔しています、そのときは間違いに気づきませんでしたが。

Arrogant / 傲慢に

13 I guess I just wasn't thinking.
全く考えていなかったのだと思います。

14 I'll try to never do that again.
二度とやらないつもりです。

15 I feel badly, but I can't undo what I did, unfortunately.
ひどい気持ちですが、やってしまったことは元には戻せません、残念ながら。

16 There are a lot of things I would do differently if I could.
やろうと思えば、違うやり方がたくさんありました。

17 If I stepped on your toes/hurt you/offended you, I apologize.
もし私が、あなたの気に障ったのなら・あなたを傷つけたのなら・あなたを責めたのなら、謝ります。

18 I'm sorry if I hurt you.
傷つけたとしたらごめんなさい。

19 Listen, I'm only human.
聞いてください、私も人間です。

20 I feel wretched, but haven't you ever made a mistake?
情けないですが、あなたも今まで間違いを犯したことはあるでしょう?

21 I didn't do it on purpose!
わざとやったわけではありません!

22 Mea culpa. [sarcasm]
罪は私にあります。[皮肉](ラテン語。祈りの言葉より)

109 | 忘れたことを謝る

Humble / 謹んで

01 It was inexcusable of me to forget; I humbly apologize.
忘れたことは弁解の余地がありません。謹んで謝ります。

02 It is so unlike me to be this forgetful; it will never happen again.
ものを忘れることなどほとんどないのですが、二度とこのようなことは起こしません。

03 If I could turn back the hands of time, I would.
時計の針を戻せるものなら、そうしたいです。

04 Words cannot express how badly I feel.
どんなにひどい気持ちか、言葉では言い表せません。

05 I'm so thoughtless to have forgotten.
忘れてしまうとは、とても不注意でした。

06 Can you ever forgive me for being so distracted?
こんな注意散漫をお許しいただけますか？

07 I'm usually very organized; I don't know how this happened.
いつもはとてもきっちりしているのです。なぜこのようなことが起こったか分かりません。

08 I just can't believe this slipped my mind.
なぜこんなことを忘れたのか信じられません。

09 I don't know what I was thinking.
何を考えていたのか分かりません。

10 I apologize; I'm just a lame brain.
謝ります、ただの愚か者でした。

11 You know me—I'm just a flake.
私をご存知でしょう―ちょっと変わり者なんです。

12 Please forgive me—I simply didn't remember.
どうぞ許してください―単純に忘れていました。

Arrogant / 傲慢に

Humble 謹んで

13 I can't help it if I'm so forgetful.
忘れっぽいんだから、しょうがないでしょう。

14 I just get a little absentminded from time to time.
ときどき上の空になることがあるんです。

15 Don't get on my case; it was an oversight and nothing more.
干渉は結構です。単なる見落としでそれ以上ではありません。

16 Have you never forgotten anything in your life?
今までの人生で一度も忘れたことはないのですか？

Arrogant 傲慢に

110 | 遅刻を謝る

PART7 礼儀

Humble / 謹んで

01 **I'm so sorry for being late; I won't let it happen again!**
遅れてしまって本当に申し訳ありません。二度としません！

02 **Thank you for waiting; I apologize for my tardiness.**
待っていてくれて有難うございます。遅刻してすみません。

03 **I have no valid reason for keeping you waiting; please forgive me.**
待たせてしまった正当な理由はありません。どうぞ許してください。

04 **There is absolutely no justification for my tardiness.**
私の遅刻を正当化する方法は一切ありません。

05 **I have no excuse; I should have planned ahead.**
言い訳はしません。前もって確認するべきでした。

06 **I always strive to be punctual; I don't know what happened.**
いつも時間通りを目指してやっていますが、どうしてこうなったのか分かりません。

07 **This isn't like me; I'm never late.**
私としたことが。いつもは決して遅刻しないのですが。

08 **Yes I was late, but I'll make it up to you.**
はい、遅れてしまいました。しかし埋め合わせはします。

09 **I guess it's time for me to buy a watch! [joking]**
そろそろ腕時計を買うときですね！[冗談]

10 **Thanks for your patience.**
大変お待たせいたしました。

11 **I understand if you never want to meet me again! [joking]**
あなたが私に二度と会いたくないと言ったとしても、当然です！[冗談]

12 **I hope you weren't standing here too long.**
長くお待たせしたのでなければいいのですが。

Arrogant / 傲慢に

Humble 謹んで

13 I'm late because my life is so hectic; I'm sure you understand.
とても忙しくて遅れました。どうぞご理解ください。

14 I know it's a lame excuse, but things have been hectic lately.
見え透いた言い訳かとは思いますが、この頃とても忙しいのです。

15 Excuse my lateness: there was a traffic accident, my train was late, and I had a stomachache.
遅れてしまってすみません。交通事故があり、電車が遅れ、さらに、お腹も痛くなりまして。

16 You know me: I'm always 10 minutes late for everything.
ご存知のように、私は常に約束の時間に10分遅れます。

17 Punctuality was never my forte.
時間に正確なことが、私の強みになったことはありません。

18 It seems I'm always falling behind.
私はいつも、遅れているようですね。

19 I know I'm late, but so what?
遅れたのは承知していますが、それでどうしたというのでしょう?

20 Have you never been late in your life?
今までの人生で一度も遅刻したことがないのですか?

21 It's a wonder that you'll ever meet with me again. [sarcasm]
もしまた会ってもらえたら、奇跡ですね。[皮肉]

Arrogant 傲慢に

111 | チームの過失を謝る

Humble / 謹んで

01 I am personally responsible for what transpired.
起こったことに対して、個人的に責任があります。

02 It was my fault; it will never happen on my watch again.
私の過失です。二度とこのようなことのないよう、目を光らせます。

03 I know that we dropped the ball, and for that I apologise.
私たちの責任を全うできませんでした、それに関して謝ります。

04 I am tremendously sorry for what occurred; this team will make up for it in full.
起こったことに関して、心から遺憾です。チームが全力で償わせていただきます。

05 I apologize for the inconvenience; what can we do to make up for it?
ご不便をおかけして申し訳ありません。どうやって償えばいいでしょうか?

06 If there's anything we can do, this team is equipped to fix this.
私たちにできることがあれば、チームでいつでも対処します。

07 We are disturbed this happened and are deeply sorry for any damages.
今回の件では大変ご迷惑をおかけし、また生じた損害に対して心から謝罪いたします。

08 We fully guarantee that this mishap will never repeat itself.
このような事故を二度と起こさないことを、心底よりお約束いたします。

09 I'm fully aware of the situation and we're working on it now.
状況は十分把握しており、現在解決に向けて取り組んでおります。

10 We will definitely be more careful in the future.
当然今後は、いっそうの注意を払います。

Arrogant / 傲慢に

Humble 謹んで

11 Please rest assured that we have learned from our mistake.
今回の過失から多くを学びましたので、どうぞご安心ください。

12 Please know we are doing everything we can to fix this.
解決のためには、あらゆることを行っていることを、どうぞ理解ください。

13 I apologize on behalf of the team for any errors that might have been made.
現在までのどのような過失に対しても、チームを代表してお詫びします。

14 I admit that we've been far from perfect.
とても完全と言えるものではないことは認めざるを得ません。

15 My group must take responsibility for its actions.
私のグループには対処する責任があります。

16 As a group, we are ashamed of what occurred and take full responsibility.
グループとして、起こったことは大変残念であり、我々にすべての責任があります。

17 We've certainly made more than our share of mistakes.
我々は、過ちを超えて、より多くのことを成し遂げてきたつもりです。

18 Our mistake was never intentional.
故意に行った過失ではありません。

19 Other than apologize, I don't know what else we can do.
謝罪することよりほかに、私たちに何ができるのか分かりません。

20 We are sorry for the inconvenience—what else do you want?
ご不便をおかけし申し訳ありません―ほかにご要望はありますか?

21 This kind of mistake happens all the time.
このような過失はいつでも起こります。

22 Nobody's perfect.
完璧な人はいません。

Arrogant 傲慢に

PART

マキャベリストの
テクニック

8

It is better to be feared than loved, if you cannot be both.
___Niccolo Machiavelli

愛されるより、恐れられるほうがいい。どちらか一方というなら。
————ニコロ・マキャベリ（イタリアの政治思想家）

introduction

「マキャベリのように」という形容詞は、自分の利得のことばかりを考えて他者を操る、という意味で長い間使われてきました。しかし、たとえその戦術がときには倫理的に疑わしく見えても、マキャベリのような、いわゆる策略家のリーダーは、実は誠実で思慮深いものです。一般的には策略家は、狡猾でずる賢い世渡り上手、という言われ方をします。もちろんすべての優れたリーダーが、必ずしも策略家だとは限りませんが、うまく駆使すれば策略家の戦術にも効果があると考えるリーダーもいます。但し、こうした戦術を駆使すれば、周りの人から好かれたり、慕われたりすることはなくなるということは、どうぞ忘れないでください！

1　脅す

周囲の人々があなたに接するときに、何かしら恐れを抱いていたり、自信がなかったり、疑いを持っていたりしたら、リーダーとしては半分以上、勝ったも同然です。リーダーであるあなたは、常に周りの人々が求めてくること以上に、より大切な仕事を抱えているということを、まずは分からせてください。

2　垣根を張り巡らせる

自身の周りに垣根を張り巡らせ、皆が入って来られないようにしてください。コンタクトを制限し、すぐにあなたに近づくことができないように仕向けてください。もちろん相手を怒らせることもありますが、これであなただけが、状況を心おきなくコントロールできます。競技中のボートと同様、船底にまとわりついた貝殻をきれいに取り除いたほうが、トップスピードでの航行が可能になるのです。他者の気持ちを斟酌する機会が少なくもなってきますが、それこそマキャベリストの本領発揮というものです。

3　動機づける

「人は、楽しみを得るためか、苦痛を避けるためのどちらかの理由で行動する」とフロイトは言っています。マキャベリストとは、アメとムチをどううまく使い分ければ、最高の結果が得られるかを知っている人です。適切な動機を与えられた従業員の行動は素早く、最小限の指示で仕事は遂行され、その達成度合いがさらなる高いプライドを醸成します。

4　取り入ろうとする輩は遠ざける

　どうやってトップに昇りつめたかは別として、あなたがすでに功なり名を遂げていれば、あなたに取り入ろうとする人が必ず周りにいるものです。しかし、限定された人しかあなたにはアクセスできないよう、「紹介状のない方はお断り」の原則を貫いてください。信用できる人の紹介状を持っていない新参者が来た場合は、躊躇なく「お断り、以上」です。近づくことさえ難しいという評判が、あなたの評判をさらに高いものにします。

112 不安にさせる

Subtle / さりげなく

01 Would you repeat yourself, please?
もう一度、言っていただけませんか？

02 I'm sorry—what did you say?
すみません―何と言いました？

03 Hold on, I need to write this down.
ちょっと待って、書き取らないといけません。

04 What is your name again?
お名前をもう一度教えていただけますか？

05 What is your reason for saying that?
そうおっしゃる根拠は何ですか？

06 Why would you believe that?
なぜそれを信じていらっしゃるのですか？

07 What makes you say that?
そう言う理由は何ですか？

08 What are you trying to say?
何を言おうとしているのですか？

09 How did you come to that conclusion?
どうやってその結論に達したのですか？

10 I'm not following you at all.
あなたには全くついていけません。

11 I really wonder why you would think this.
なぜあなたがそう考えるのか全く不思議です。

12 How can you be so sure?
なぜそんなに自信を持っていられるのですか？

13 You don't seem 100-percent sure of yourself.
あなた自身も、100%明確なわけではないですね。

Overt / あからさまに

PART8 マキャベリストのテクニック

14 Would you bet your life on it?
絶対に確かですか？

15 So you say.
それがあなたの言い分ですね。

16 That's what you think.
それがあなたの考えですね。

17 Interesting...
面白い…。

18 Whatever...
どうでもいいのですが…。

113 | 脅す

Subtle / さりげなく

01 I'm not sure where this leaves us.
この先どうなるか分かりませんよ。

02 You might not want to do that.
あなただって望んでいないでしょう。

03 I don't think that's the best idea.
それがベストのアイデアとは思えません。

04 You really should rethink your approach to this.
この件に関するあなたのやり方を本当に考え直したほうがいいと思います。

05 I don't think it's healthy for you to continue on this track.
この調子で続けるのは健全ではないと思います。

06 For every action, there is an equal and opposite reaction.
どんなことにも、同程度の反作用はあるものです。(ニュートンの第三法則、「すべての作用には、それと同じ大きさの反作用がある」より)

07 You do know there are consequences to every action, right?
どんな行動にも結果が伴うことはご存知ですよね?

08 You are responsible for yourself from here on out.
あなたは今後ずっと、自分自身に対して責任があるのです。

09 I would advise you not to do that.
やらないほうがいいと思いますよ。

10 You're going to regret that.
後悔しますよ。

11 I'm warning you, there are consequences to every action.
警告しますが、どんな行動にも結果が伴います。

Overt / あからさまに

PART8 マキャベリストのテクニック

Subtle / さりげなく

12 Please stop before you say/do something you'll really regret.
何か後悔することを、言ってしまう・やってしまう前に、どうぞやめてください。

13 You should prepare yourself for the worst.
最悪に備えるべきです。

14 Have you ever heard of Karma?
カルマ（業）のことは聞いたことがありますか？

15 Someone's going to cut you down to size one day.
いつか誰かから思い知らされます。

16 Your punishment will come in time.
今に罰を受けるときが来ますよ。

17 Bad things happen to bad people, you know.
悪いことは悪い人に起こるものです。

18 You're going to pay dearly for that.
とても高くつきますよ。

19 This is it for you!
あなたも年貢の納めどきです！

20 You'd better not stop looking over your shoulder.
いつも肩越しに後ろを注意したほうがいいですよ。

Overt / あからさまに

114 情報を人から引き出す

Subtle / さりげなく

01 I promise, anything you say will remain completely confidential.
約束します。話していただくことはすべて完全に機密扱いです。

02 I am as silent as the grave.
静まりかえった墓場のように、一言も発せず秘密を守ります。

03 You know you can tell me anything.
どうぞ、どんなことでも話していただいて結構です。

04 This is just between the two of us.
私たち二人だけの話です。

05 I give you my word that this won't go any further than these walls.
この件は、この壁から外には一切出ないことを約束します。

06 Word on the street says you know what's going on.
噂では、あなたは何が起こっているか知っているとのことですが。

07 You know that we have an understanding.
私たちは共通の認識を持っています。

08 I just need you to help me connect the dots.
バラバラな情報を繋げる手助けをしてほしいのです。

09 Can we cut to the chase?
本題に入りませんか？

10 It would be nice to get it straight from the horse's mouth.
信頼できる筋からの情報はとても有難いです。

11 I guess I'll have to call around to get the facts.
周りに聞いて、事実を集めなければと思っています。

12 You know I would tell you if the situation were reversed.
私があなたの立場だったら、きっと話します。

Overt / あからさまに

13 I'm going to find out anyway, so you might as well tell me.
いずれどうにかして探し当てるつもりですから、今話していただいたほうがいいですよ。

14 I can go behind your back or I can get it directly from you; your call.
あなたに内緒で手に入れるか、直接あなたに尋ねるかのいずれかですが、それはあなた次第です。

15 Don't you trust me?
信用してもらえないのですか？

16 Why are you holding back on me?
どうして私に隠し立てするのですか？

17 I'm hurt that you wouldn't trust me with this information.
この件に関して、あなたが私を信用してくれないので傷ついています。

18 What have you got to hide?
何か隠しているのですか？

19 I'm not asking about anything that isn't common knowledge.
常識の範囲外のことは何一つ聞いていません。

20 I have all day to wait so why not just tell me?
こっちは一日中でも待っていられますから、すっかり話したらどうですか？

21 I'm not leaving here without the information.
何の情報もなく、ここを離れるわけにはいきません。

22 It would go much better for you if you just cooperated.
単に協力してさえくれれば、もっとうまくいきます。

23 Cut the crap and give me the answers I want!
いいかげんなことを言うのはやめて、聞いている質問に答えろ！

24 Maybe you'd prefer that I beat it out of you? [joking]
あなたを殴って聞き出したほうがいいのですね？ ［冗談］

115 | 批判をそらす

まともに

01 What you say is simply not true.
あなたの言っていることは、全く正しくありません。

02 I am prepared to defend myself against these allegations.
そのような申し立てに対して、自身を弁護する準備は整っています。

03 If there is anyone who can categorically state that I did/said this, let him/her step forward.
私が、やった・言った、と断定している人がいたら、その人たちに名乗り出てもらってください。

04 I know a dozen people who will vouch for me.
私を信用してくれる多くの人々がいます。

05 I'm actually hurt that you would accuse me of something like that.
そんなことで私を責めるとは、正直残念です。

06 The energy you're using to blame me could be used in much more constructive ways.
私を非難するために使っているエネルギーは、もっともっと建設的な方法で使えるはずです。

07 This is simply the result of rumor and innuendo.
これは単に、噂とあてこすりから出てきたものです。

08 These accusations are the work of a desperate person.
そうやって人を責めるのは、やけくそになっている人のやることです。

09 Do you really think I would say/do something like that?
そんなことを私が、言ったり・やったり、すると本当に思いますか？

10 Why would I do something like that?
なぜ私がこんなことをやらないといけないのですか？

11 I swear on a stack of Bibles that I didn't do it.
聖書に誓って、私はやっていません。

陰険に

12 It wasn't me.
私ではありません。

13 My conscience is clear.
良心に恥じるところはありません。

14 I don't deserve this.
このような仕打ちを受けるいわれはありません。

15 Before you attack me, you should look in the mirror.
私を責める前に、自分を鏡に映してみてください。

16 These accusations are utter B.S.
これは全くのでたらめです。

17 Blaming me is the way you deflect blame from yourself.
ご自身への非難を逸らすために私を責めるのですね。

18 The more you try to trap me, the more you point the finger at yourself.
私を陥れようとすればするほど、自分自身を責めることになりますよ。

19 Your statements make it clear that you are incompetent.
どれほど無能かは、あなたの発言を聞けば分かります。

116 | 「私は無能だ」と相手に思い至らせる

Humorous / ユーモラスに

01 Please turn your mouth off; I can still hear it running. [joking]
話すのをやめてください、口数の減らない人ですね。[冗談]

02 The jerk store called and they're running out of you. [joking]
おバカの集まりから連絡がきて、あなたが必要だそうです。[冗談]

03 Aw, you try so hard.
おや、がんばっていますね。

04 Aren't you cute.
お利口だこと。

05 Okaaaaay....[dubious]
オーケー？[半信半疑で]

06 Really?
本当に？

07 Do you always do stuff like this?
あなたはいつもこんなことをしているのですか？

08 Wow, that's an...interesting outfit/idea/thought.
わあ、これは興味深い……装い・アイデア・考え、ですね。

09 I know you like to help, but I think we've got things under control.
手伝いたいのは分かりますが、今は順調です。

10 You remind me a lot of me when I was young and ignorant.
あなたを見ていると、若くて無知だった頃の私を思い出します。

11 I won't have a battle of wits with an unarmed opponent.
無防備な敵と、知恵競べをするつもりはありません。

Harsh / 辛辣に

Humorous / ユーモラスに

12 **You, my friend, are suffering from delusions of adequacy.**
いいですか、あなたは自分が有能だという幻想に毒されています。

13 **I hope you're better prepared today.**
今日は準備ができていることを願っています。

14 **The sign on the door reads, "Professionals only."**
ドアのサインには、「プロフェショナルの方のみ」とあります。

15 **I'd love to hear something intelligent for a change.**
気分転換に、何か頭を使うことが聞きたいです。

16 **When I need your opinion, I'll ask for it.**
意見が聞きたいときは、こちらから聞きます。

17 **I don't have to make you feel stupid; you're halfway there on your own.**
あなたが自分はバカだと気づくよう、私が仕向ける必要はありませんね。すでに半分は気づいているでしょうから。

18 **I liked what you just said very much—at least the parts that made sense. [sarcasm]**
今あなたが言ったことが大好きです。少なくとも理屈が通っている部分は。[皮肉]

19 **I'll try being nicer if you'll try being smarter. [sarcasm]**
あなたがもう少し賢ければ、こちらも大目に見られると思います。[皮肉]

20 **I need your help like a dog needs a tick. [sarcasm]**
犬にはダニが必要なように、私にもあなたの助けが必要なんです。[皮肉]

21 **I didn't hear you—my B.S. filter was on. [sarcasm]**
聞こえませんでした─くだらないことを遮るフィルターが作動していました。[皮肉]

22 **How many times do I have to flush before you go away?**
何回トイレのレバーを押せば、あなたを流せますかね？

Harsh / 辛辣に

23 **How do you sleep at night?**
夜はしっかり眠れていますか？

117 | 仕事に干渉されたら

01 Too many cooks spoil the broth. [joking]
料理人が多過ぎると、スープがまずくなります。[冗談]

02 Hey, I called dibs on this job first. [joking]
おい、この仕事の優先権は私にあるんだぞ。[冗談]

03 I've got it covered—thank you, though.
私がやらなければなりません—お申し出には感謝します。

04 I think this is a one-person operation.
これは一人でできる仕事だと思います。

05 Thanks, but I think I have a handle on it.
有難う、でもやり方は分かります。

06 I have this covered already.
すでにやっています。

07 I assume you've already done the jobs you were assigned?
割り当てられた仕事は、すでに終わったのですね？

08 Maybe there is something else you can do.
おそらく、あなたのできるほかのことがあります。

09 A little breathing room, please?
一息つかせてください。

10 Maybe you should worry about your own stuff.
おそらく、ご自身のことについて心配したほうがいいでしょう。

11 Please don't get involved in things that don't concern you.
関係ないことには関わらないでください。

12 Don't you have something else you need to do/ somewhere else you need to be?
やらなければいけない何かは・行かなければいけないどこかは、ないですか？

13 Don't you have anything better to do?
ほかにやるべきことはありませんか？

14 Why don't you take care of your side of the street instead?
自分自身のやるべきことを気にかけたらどうですか？

15 Would you please grace this space with your absence?
あなたに去っていただいたほうが、場が盛り上がるのですが。

16 I've got things under control, but thanks. [sarcasm]
万事うまくいっています、有難う。[皮肉]

17 Um, who invited you to this party?
誰があなたをこのパーティーに招待したのですか？

18 Get lost.
失せろ。

118 会話の主導権を握る

Polite / 丁寧に

01 If you would allow me to speak for a moment...
少しお話をさせていただいてよろしいですか、…

02 Perhaps you didn't understand me.
おそらくご理解いただいていないのではと思います。

03 May I just say this?
ちょっとお話ししてよろしいですか？

04 Excuse me, I'm not finished.
恐れ入りますが、まだ話の途中です。

05 I haven't finished what I was saying.
まだ話し終わっておりません。

06 Pardon me!
失礼ですが！

07 There's really no need for you to go on.
(話を) 続ける必要はありません。

08 I think I've heard enough.
十分聞いたと思います。

09 This case is closed.
一件落着、です。

10 Someone needs to stop beating this dead horse.
死んだ馬に鞭打つような無駄なことは、誰かがやめないといけません。

11 There simply isn't anything more to say on the matter.
この件に関しては、単にこれ以上言うことはありません。

12 Your reasoning is going nowhere.
あなたの考えの筋道は、意味をなしません。

13 You're wasting your time and energy.
時間とエネルギーを無駄に使っています。

Blunt / ぶっきらぼうに

14 What kind of mentality is that?
それはどのような考え方に基づいているのですか？

15 Didn't your family teach you respect?
尊敬ということを家族から習いませんでしたか？

16 I think you've said enough already.
あなたはもう十分に発言したと思います。

17 I'd be more than happy to let you ramble on, but I've got more important things to do.
とりとめなく話してもらってもよいのですが、私にはやらなければならないもっと大切なことがあります。

18 I'm done listening to you; now it's your turn to hear me out.
あなたの話はお聞きしましたので、今度はあなたが私の話を聞く番です。

19 What part of "done" don't you understand? [sarcasm]
そこはもう「済み」でしょう、分からないですか？ ［皮肉］

20 No offense, but would you please just shut up?
責めているわけではありませんが、とにかく黙っていただけますか？

21 Just FYI: I will be controlling the conversation from now on.
お知らせですが、今からの会話は私がコントロールします。

119 | 最後の一言を言う

Subtle / さりげなく

01 Yes, but...
そうですね、しかし…

02 I agree, but...
賛成です、しかし…

03 You may be right, but...
おそらくそうかと思います、しかし…

04 So you say.
あなたがそう言うのなら、そうでしょう。

05 Okay, whatever. [repeat as necessary]
まあ、どうでも構いませんが。[必要に応じて繰り返す]

06 Before we finish, let me just say one last thing.
話し終わる前に、最後に一つ言わせてください。

07 Let me just say one more thing and then we're done.
あと一つだけ言わせてください、それで終わりにしましょう。

08 Okay, but I'm not letting this go.
オーケーですが、このままでは終わりたくありません。

09 We'll continue this at a later date of my choosing.
後日都合のよいときに引き続きやりましょう。

10 We'll talk more about this later/tomorrow/some other time.
後日・明日・またの機会に、またもっと話しましょう。

11 I will follow up about this later/tomorrow/next week.
後日・明日・来週、フォローアップします。

12 No, I'm done here for now.
今のところ、これで終わりです。

13 Okay, I guess I'd better let you go.
オーケー、帰っていただいて結構です。

あからさまに / Overt

PART 8 マキャベリストのテクニック

Subtle / さりげなく

14 Here is my summation of the issue as I see it.
これが、私が理解した問題のすべてです。

15 Let's wrap it up; there's really nothing more to say.
そろそろ切り上げましょう。これ以上言うことはありません。

16 That may be the long and the short of it, but it's not the end of it.
要点はこうですが、これで終わりというわけではありません。

17 You've talked enough, thank you.
あなたには十分お話しいただきました、有難うございます。

18 Now you're just repeating yourself.
前言ったことを繰り返しているだけですね。

19 I'm not going to change my mind, so it's best that you stop talking.
一旦決めたことを変えるつもりはないので、もう話すのはやめてください。

20 This is the last thing I want to say and then this conversation is finished.
これが最後に申し上げたかったことで、そして、この会話はこれで終了です。

Overt / あからさまに

120 | 再考を促す

Subtle / さりげなく

01 I know you mean well.
善意でおっしゃっているのはよく分かります。

02 I'm sure you're doing the best you can.
きっとベストを尽くしていることでしょう。

03 How could you have known?
どうやってお知りになったのですか？

04 Hmm, that's not what I heard.
おや、それは聞いていることと違います。

05 Hmm, you might want to consider the source.
うーん、情報源をよく考えたほうがいいですよ。

06 I was led to believe something quite different.
以前私は、（それとは）全く違うことを信じろと言われましたよ。

07 That's not what so-and-so told me.
それは某氏が私に言ったこととは違います。

08 Where did you get your information?
どこからその情報を得たのですか？

09 I'm curious—what were you thinking?
ちょっと知りたいのですが―何を考えていましたか？

10 Why would you do/say something like that?
なぜそんなことを、する・言う、のですか？

11 Aren't you angry/upset about that?
怒って・驚いて、いますか？

12 If I were you, I'd be pretty P.O.'d.
もし私であれば、かなりキレています。

13 Sometimes I just don't get you.
ときどき、あなたのことが分からなくなります。

Overt / あからさまに

PART8 マキャベリストのテクニック

Subtle / さりげなく

14 You mean you didn't know that...
つまり、…を知らなかったのですか？

15 It's a shame you didn't know about this.
これを知らなかったのは残念です。

16 It's usually pretty obvious what you're thinking.
普段はあなたが何を考えているか、いたって明確です。

17 Honestly I'm a bit surprised by your attitude/actions.
正直申し上げて、あなたの態度・行動に、少し驚いています。

18 If I were you, I would be so mad/upset/sad/hurt.
もし私だったら、とても怒ります・驚きます・悲しみます・傷つきます。

19 Nobody else I know thinks that.
私の知っている人たちは、誰一人そのようには考えません。

20 How can you tolerate that?
なぜそんなに寛大なのですか？

21 This is not really what I expected from you.
期待していたものと全く違います。

22 I'm really not sure why you're reacting that way.
なぜあなたがそう反応したのか全く分かりません。

23 That's not how I would have done it, but whatever.
もし私だったら違うことをやったと思います、まあどうでもいいことですが。

24 I'm sure you know what's best.... [dubious]
何がベストかは、あなたが当然ご存知のことと…。[疑って]

Overt / あからさまに

121 特定の話題を避ける

CD 302

Professional / プロフェッショナルらしく

01 Let's set aside this topic and move on to more pressing matters.
この件は一旦終わって、緊急の課題に移りましょう。

02 This topic of conversation might be better suited for another day.
この件について話すのは、別の日にしましょう。

03 Can we put this off until a later date?
後日に延期しませんか?

04 I think we should discuss this some other time.
この件についての議論はまたの機会がいいと思います。

05 This is a touchy subject—let's steer clear of it.
これは厄介な問題なので—避けましょう。

06 This is a controversial subject—probably best to avoid it.
これは議論の余地のある問題なので—おそらく避けるのがベストでしょう。

07 I don't think we need to address that, but that's just my humble opinion.
その件について触れる必要はないと思いますが、但しこれは、取るに足らない私の個人的な意見です。

08 I'm not comfortable talking about this right now, sorry.
すみませんが、今この件について話すのは気が進みません。

09 I'm pretty sure we don't need to get into this.
この件を取り上げる必要は全くないと思います。

10 Perhaps we can just cross that off the agenda.
おそらくアジェンダから消していいと思います。

11 There is a bit too much controversy surrounding this conversation.
この会話をめぐっては、少し議論の余地のある問題が多過ぎます。

Unprofessional / 素人的に

12 That is a subject I don't wish to continue discussing.
この件に関しては、議論を続けたくはありません。

13 That subject is off limits in my book.
今その件はお話ししたくありません。

14 Maybe we shouldn't talk about such a touchy subject.
おそらく、そのような微妙な問題については話さないほうがいいでしょう。

15 It would be a waste of our time to discuss this any further.
これ以上、この件に関して議論するのは時間の無駄だと思います。

16 Why talk about this if we can avoid it?
避けることができるのに、なぜあえて議論するのですか?

17 I don't believe that this is important.
これが重要だとは思えません。

18 Is this really important enough to continue discussing?
この件は本当に重要で、引き続きの議論が必要ですか?

19 The best way to talk about this is to not mention it at all.
一番よい議論の方法は、この件を一切持ち出さないことです。

20 I could talk to you about this, but why waste everyone's time?
あなたとこの件を話すことはできますが、他のメンバーの時間まで無駄にする必要があるでしょうか?

21 I hope you realize that this topic is a sensitive one.
この話題が取り扱いの難しいものであることは、お気づきになっていると思います。

22 You're getting into a big subject, here.
やっかいな話題を、ここで持ち出しましたね。

23 Maybe we should just table this discussion...forever.
おそらくこの議論は棚上げにすべきでしょう…永久に。

Professional — プロフェッショナルらしく

24 This topic is not open for discussion.
この件は、議論することになっていません。

25 We'd just be beating a dead horse talking about this.
この件について話すことは、死んだ馬を鞭打つような無駄なことです。

26 This discussion will not be happening anytime soon.
この議論は、当分始まりません。

27 Sorry, but I won't discuss that.
すみません、この件については何も語りません。

28 There will be no further deliberation concerning this.
この件について、これ以上検討することは今後ありません。

29 This is not open for discussion or debate.
議論や討論に適した話題ではありません。

30 I'm not going to entertain that notion.
その考えを受け入れるつもりはありません。

31 I'm simply not going to listen to another word.
これ以上の言葉を、とにかく聞きたくはありません。

32 I don't want to hear a word about it.
その件に関しては一言も聞きたくありません。

33 Just drop it, okay?
やめましょう、いいですね?

Unprofessional — 素人的に

122 | 巧みに相手を避ける

PART8 マキャベリストのテクニック

Diplomatic / 如才なく

01 Wow, everyone wants a piece of me today! [joking]
おやおや、今日は皆、私のことが必要なのですね！［冗談］

02 I'm sorry, but I've got too many plates in the air at the moment.
すみません、今、仕掛かりの案件がたくさんありまして。

03 I'd love to talk to you, but I haven't got a minute today.
お話ししたいのはやまやまですが、今日は本当に時間がありません。

04 I wish I could linger, but duty calls.
このまま続けてお話ししたいのですが、他の仕事があります。

05 I'll try to catch up to you some other time, I promise.
また追って別の機会に、必ず埋め合わせします。

06 I'd like to chat, but I'm just running out the door.
お話ししたいのですが、すぐ出掛けなければなりません。

07 If you want, you can make an appointment with my secretary.
よろしければ、秘書を通じてアポを設定してください。

08 I'm so busy—can you shoot me an email/leave a voicemail/talk to my assistant?
今、手が離せないので—メールをいただけますか・留守録のメッセージを入れていただけますか・アシスタントと話していただけますか？

09 I'd love to hang out, but I'm just on my way out.
お付き合いしたいのですが、ちょうど出掛けるところなんです。

10 Perhaps we can discuss this some other time?
この件に関しては、またの機会にきっとお話ししましょう。

11 I just don't have the time right now, unfortunately.
あいにく、今は時間がありません。

12 I'd rather not discuss that, if that's okay with you.
むしろこの件は今お話ししたくありません、ご了解願います。

Rude / ぞんざいに

13	**I don't want to talk about it now.**
	今この件はお話ししたくありません。
14	**We already talked about this, didn't we?**
	この件はもうお話ししましたよね?
15	**Is this conversation really necessary?**
	本当に話す必要がありますか?
16	**Why stir the pot when we can call it a day?**
	そろそろ終わりというときに、なぜその話を蒸し返すのですか?
17	**Continuing to hash this out isn't productive.**
	これ以上詳しく議論しても効果がないと思います。
18	**If you still feel the need to hash it out, please leave a message on my phone.**
	もう少し議論が必要だと思うなら、留守録にメッセージを入れていただけますか?
19	**I don't wish to ever have that conversation.**
	これ以上の議論は、もうしたくありません。
20	**I don't wish to deliberate any further.**
	これ以上考えたくありません。
21	**Why should we discuss anything?**
	なぜ何もかも議論しようとするのですか?
22	**Sorry, I'm really not interested.**
	すみません、本当に興味がありません。
23	**Excuse me, but this conversation is not happening.**
	すみませんが、今はこの会話はしません。
24	**Why would I discuss this with you? [sarcasm]**
	なぜこの件を、それもあなたと話さなければならないのでしょうか? [皮肉]
25	**This discussion will never happen—sorry!**
	もう議論はしません—悪しからず!

PART 8 マキャベリストのテクニック

26 **You're the last person on earth I would discuss this with/hang out with.**
あなたとだけは、議論したくありません・ご一緒したくありません。

27 **Oops, look at the time!**
おっと、もう時間です！

28 **Take a hike!**
あっちへ行け！

123 信頼を得る

Energetic / 積極的に

01 I will never let you down.
決してがっかりはさせません。

02 My word is my bond.
私の言葉に嘘はありません。

03 I would walk through fire for you.
あなたのためなら、火の中でも歩きます。

04 When I make a commitment/promise, I always keep it.
やると言ったときは・約束したときは、いつでも守ります。

05 I have a high degree of confidence regarding the situation.
この件に関しては絶対の自信があります。

06 My integrity is unimpeachable.
私の誠実さは非の打ち所がありません。

07 I feel great about this.
自信があります。

08 All systems are go.
準備万端です。

09 Please put your trust in me—I won't let you down.
どうぞ私を信頼してください―決して落胆はさせません。

10 I will stop at nothing to make this happen.
このためなら何でもします。

11 Trust me, it will be taken care of.
信頼してください、私が対処します。

12 You can trust me, I promise.
信頼して結構です、約束します。

Laissez-faire / なりゆきで

13 My reputation precedes me.
私の評判はお聞き及びですね。

14 Believe in me just as I believe in you.
私があなたを信じているのと同じく、あなたも私を信じてください。

15 I am known for my trustworthiness.
私は信頼に足る人物として知られています。

16 I have many years of experience in marketing.
マーケティングに関して、長年の経験があります。

17 I am a person of integrity, I assure you.
私は誠実です、請け合います。

18 I tell the truth in all matters.
すべて真実をお話しします。

19 Ask around. I have a good reputation.
どうぞ周りの方に聞いてください。私は結構、評判いいですよ。

20 I've kept going when others might have stopped.
他の人が躊躇するときも突き進んできました。

21 I will make every effort to make this happen.
この件を実現させるために全力を注ぎます。

22 I feel at peace about the outcome.
結果に対して満足しています。

23 I'll hold myself responsible if things go awry.
うまくいかない場合も責任を持ちます。

24 You have no reason to distrust me.
私を信頼しない理由はありません。

25 I have no reason to lie to you, do I?
あなたに嘘をつかなければならない理由など、私にないでしょう?

PART 9

リーダーのための
ボーナス・セクション

To the leaders of the world.
___Patrick Alain

世界中のリーダーへ。
——パトリック・アレイン

124 | リーダーの「イエス」の言い方

Definitive / 断定的に

- **01 Absolutely.**
  全くその通り。
- **02 Positively.**
  間違いない。
- **03 Certainly.**
  その通り。
- **04 I agree.**
  賛成。
- **05 I concur.**
  同感。
- **06 Of course.**
  もちろん。
- **07 Precisely.**
  おっしゃる通り。
- **08 Exactly.**
  まさにその通り。
- **09 Without a doubt.**
  間違いない。
- **10 Very much so.**
  本当にそうです。
- **11 That's for sure.**
  もちろんそうです。
- **12 It's a sure thing.**
  当然です。
- **13 That's exactly the case.**
  まさにあなたの言う通りです。

Tentative / 暫定的に

14 **I'm of the same opinion.**
私も同じ意見です。

15 **In a word, yes.**
一言で言えば、イエスです。

16 **We're of the same mindset.**
私たちは同じ思いです。

17 **We're on the same wavelength.**
私たちは波長が合っています。

18 **We're of one accord on that.**
私たちは一致しています。

19 **Hey, you're reading my mind.**
おお、私の心を読みましたね。

20 **I'm with you on that.**
私も同意見です。

21 **Message received.**
メッセージは受け取りました。

22 **If I have to give an answer, then it's yes.**
答えを返さなければならないとすれば、イエスです。

23 **I'm pretty sure that's the case.**
おそらく、あなたの言う通りだと確信しています。

125 | リーダーの「ノー」の言い方

Definitive / 断定的に

01 **Under no circumstances.**
どんな事情があっても。(ダメです)

02 **That's out of the question.**
問題外です。

03 **That's impossible.**
不可能です。

04 **Absolutely not.**
絶対にダメです。

05 **I'm sorry, but no.**
気の毒には思いますがダメです。

06 **No can do.**
できません。

07 **I can't agree to that.**
賛成することはできません。

08 **I'm afraid that's not an option.**
申し訳ないですが、その選択肢はありません。

09 **I have to humbly disagree.**
謙虚に言って同意できません。

10 **I'm going to have to respectfully decline.**
謹んで、お断りしなければなりません。

11 **I wouldn't necessarily say that.**
必ずしもそうとは言えません。

12 **I don't get that impression.**
そのような印象は受けません。

13 **Not to my knowledge.**
私の知る限り、そうではありません。

Tentative / 暫定的に

14 It doesn't seem that way to me.
私にはそのようには見えません。

15 It doesn't make sense to me.
私には理解できません。

16 I tend to disagree.
どちらかというと反対です。

17 I don't think so.
そうは思いません。

18 That wouldn't be my preference right now.
今それがいいとは思えません。

19 I don't think that's correct, but I could be wrong.
それが正しいとは思いませんが、私が間違っているかもしません。

126 | リーダーの「たぶん」の言い方

フォーマルに

01　Perhaps.
おそらく。

02　That's debatable.
それは議論の余地があります。

03　It's not implausible.
信じられなくもないですね。

04　It's not outside the realm of possibilities.
可能な範囲内です。

05　It's completely open for discussion.
議論が必要な点です。

06　I'm not sure.
よく分かりません。

07　I'm not convinced.
確信がありません。

08　It's not out of the question.
問題外というわけではありません。

09　I couldn't say for sure.
断定できません。

10　I'm not sure on the facts.
事実については分かりません。

11　It is worth reflecting upon.
じっくり考えてみる価値はあります。

12　I could go either way.
どちらでもいいでしょう。

13　It's possible.
ありえます。

カジュアルに

PART9 リーダーのためのボーナス・セクション

14 That's iffy.
それは怪しいです。

15 That's questionable.
疑問です。

16 Who knows?
誰にも分からないでしょう？

127 リーダーの「知らない」の言い方

Definitive 断定的に

01 I have absolutely no idea.
それに関しては全く分かりません。

02 I'm sorry, but I simply don't know.
申し訳ないですが、全く知りません。

03 Believe me, I wish I knew.
(知っていればよかったとは思いますが) 本当に知りません。

04 I haven't a clue.
手掛かりがありません。

05 I don't have all the facts to give a qualified response.
意味のある返答をするための、すべての情報を知りません。

06 I'm not informed enough to give a precise response.
正確な返答をするための情報が不十分です。

07 I'm not knowledgeable enough to have an opinion on the matter.
その件に関して意見を言うほどの知識がありません。

08 I don't know, but I'll find out.
知らないのですが、何とか調べてみます。

09 Hang on, I'll look it up.
ちょっと待ってください、調べてみます。

10 That's a good question, but I don't yet know the answer.
いい質問ですが、まだ答えは出ていません。

11 I can't say anything definitive either way.
いずれにせよ、断定できません。

12 I will need to do more research.
もう少し調べてみないと分かりません。

13 I'm going to have to plead ignorance.
知らないとしか言えません。

Tentative 暫定的に

14 **I don't have enough information on the subject.**
その件に関して十分な情報がありません。

15 **I'm not sure—let me find out for you.**
よくは分からないのですが—ちょっと調べさせてください。

16 **I can't really tell.**
本当に言えません。

17 **I'm not exactly sure.**
正確には分かりません。

18 **I could give an answer, but it wouldn't necessarily be correct.**
答えを言うことは言えますが、必ずしも正しいとは限りません。

19 **I don't have a good answer for that.**
それに関してしっかりした答えはありません。

20 **I have no response at this time.**
今は返答できません。

21 **How can I reply if I don't know what I'm talking about?**
自分が何を言っているか分からないのでは、返答のしようもありません。

22 **I don't think so, but I am not entirely sure.**
そうは思いませんが、自信があるわけでもありません。

128 | リーダーの「分からない」の言い方

01 I'm sorry, but I'm not sure that I understand you entirely.
すみませんが、完全に分かっているかどうか確信がありません。

02 Would you be so kind as to explain that to me once more?
恐れ入りますが、もう一度説明していただけませんか?

03 I'm sorry to say this, but I'm not following you.
すみませんが、よく理解できていないと思います。

04 I'm not certain if I understand you properly.
適切に分かっているかどうか、確信がないのですが。

05 Please help me by clarifying.
はっきり分かるための手助けをしてください。

06 Sorry, my mind can't process information that quickly. [joking]
すみませんが、それほど早く私の頭は回らないのですが。[冗談]

07 I am not sure if I understand where you're going with this.
あなたが説明しようとしていることが、分かっているか確信がありません。

08 I'm probably missing something, here.
おそらく何かを見逃しているように思うのですが。

09 I must read up on the subject.
その件に関して調べないといけません。

10 I'm not sure what you're trying to say.
あなたが伝えようとしていることが、よく分かりません。

11 Can you say that again in layperson's terms?
もう一度、専門外の人にも分かるように言ってもらえますか?

12 Am I missing something?
私は何か見落としているのでしょうか?

13 I don't get it.
理解できません。

14 I have no clue what you're talking about.
何を話しているのか、さっぱり分かりません。

15 Well, I'm lost.
お手上げです。

16 What the heck?
何てこった。

129 リーダーの「機密事項」の言い方

01 I'm sorry, but I'm not at liberty to talk about that with you.
すみませんが、その件に関してあなたとお話しすることは許されていません。

02 I'm sorry, but I can't disclose any information on that topic.
すみませんが、その件に関してどのような情報も開示することはできません。

03 You'd have to read my mind to find out. [joking]
知りたければ、読心術で探し当ててください。[冗談]

04 I'm under oath to keep silent on that. [joking]
この件に関して黙秘を宣誓しています。[冗談]

05 If I told you I'd have to kill you. [joking]
もし話してしまったら、あなたを殺さなければなりません。[冗談]

06 That info is classified as Top Secret. [joking]
その情報は、国家最高機密事項に属します。[冗談]

07 Sorry, I am not allowed to disclose that type of information.
すみませんが、その種の情報を開示する権限はありません。

08 Unfortunately there's no way I can speak openly about this.
残念ながら、その件に関してはお話しすることができません。

09 I have to plead the Fifth on that.
黙秘権を行使します。

10 It was told to me in confidence.
私に内密に話されたことですので。

11 I never break my confidence.
信頼を裏切ったことはありません。

12 I don't want to step on any toes, here.
誰の領分も侵したくありません。

Polite 丁寧に

13 I'm not the best person to answer that question.
その質問に答える、最も適切な人間ではありません。

14 I'm not in a position to give you a complete answer.
完全な答えを差し上げる立場にありません。

15 I would be speaking out of turn if I said anything.
何か話すとすると、軽率に話してしまいますので。

16 Some things are better left unsaid.
言わないほうがいいこともあります。

17 I don't think it's appropriate to talk about this.
この件について話すのは適切なこととは思いません。

18 Why do you need this information?
なぜこの情報が必要なのですか?

19 You know very well I can't talk about that.
私が話せないということは、よく知っているでしょう。

20 Leave it alone.
放っておいてください。

21 It's under wraps.
それは秘密です。

22 It's none of your business.
あなたには関係ありません。

23 You're nosing around where you shouldn't be.
するべきではないところを嗅ぎ回っています。

24 Keep out of it.
手を出すな。

25 Why would I talk to you about this?
なぜ私がこの件を話さなければならないのですか?

Rude そんざいに

PART 10

メンバーの力を引き出すコーチング

増補改訂版のための書き下ろし

To my readership in Japan.
___Patrick Alain

日本の読者の皆さんへ。
——パトリック・アレイン

130 | 新人をコーチする

Subtle / 微妙に

01 What kinds of on-the-job feelings do you relate to other aspects of your life?
仕事について抱いている気持ちで、自分の人生の他の側面と関連づけられるものはありますか？

02 Preparing for your first day of work, how did you imagine it would be? What was it actually like?
初日の仕事は、どのようなものだと想像していましたか？実際、イメージ通りでしたか？

03 How do you feel when you want to do your best but your inexperience gets in the way?
ベストを尽くしたいけれども、経験不足でうまくいかないときは、どう思いますか？

04 How can I help you gain experience quickly? As a new staff person, where do you see yourself falling behind?
どうすれば、早く経験豊富になれると思いますか？新人として、皆に比べて何が劣っていると思いますか？

05 With your fresh start here, what do you want to talk about first? Is there anything specific?
新しくスタートするにあたって、一番に話したいことは何ですか？特に是非これを、といったことはありますか？

06 What areas of your job would be easier if you were starting out knowing what you know now? Any?
今持っている知識で仕事を始めるとすると、どのような分野が始めやすいですか？そのような分野はありますか？

07 What information would you seek if you could talk to another employee who is just starting out?
あなたと同じような入社したての同期と話せるとしたら、どのようなことが知りたいですか？

08 What areas of your job do you feel adequate at? How about the reverse? Why is that?
どの分野の仕事が自分に向いていると思いますか？逆に能力が足りないことは何ですか？それはどうしてでしょうか？

Direct / はっきりと

Subtle 微妙に	**09** **What kinds of feelings did you have when you started out at past jobs?** これまでの職場で仕事を始めたときは、どんな気持ちでしたか？
	10 **What pressure(s) do you feel coming at you from your boss?** 上司からのどんなことに、プレッシャーを感じますか？
	11 **What do you think is the best way to grow here?** あなたがこの職場で成長するための、一番いい方法は何だと思いますか？
	12 **Do you think you will fit in better when you've been here longer? What makes you think so?** 時間をかければより業務に慣れてくると思いますか？なぜそう思いますか？
	13 **You've been here for only ____ weeks. What things do you feel you do well? How about not so well?** ここに来て、わずか ____ 週間ですね。うまくできていることは何ですか？逆にダメなところは？
	14 **Are there ways you feel you should be doing better than your peers?** 自分のほうが他のスタッフよりもできると思うところは、どこですか？
Direct はっきりと	**15** **What skills do you think you should know that you don't?** どのようなスキルが、自分には不足していると思いますか？

131 | 成果を上げている社員をコーチする

Subtle / 微妙に

01　What aspects of your life would you change, considering how you've sacrificed to move ahead?
これまでどのような犠牲を払って成果を出してきたかを考えると、人生のどんな点が変わりましたか？

02　How does it make you feel when you look back on the sacrifices you've made in your quest for perfection on the job?
振り返ってみて、仕事を完璧にこなすために払ってきた犠牲を考えると、どのように感じますか？

03　Are there ways that performing at such a high capacity has its costs? What are they?
そのような高い成果を出すには、それなりの労力も必要だったのでしょうか？それはどのようものですか？

04　What kind of barriers does your stellar performance create between you and your teammates?
あなたの際立った成果がもとで、チームメイトとの間にどのような障害が生まれましたか？

05　When you think back on all your successes, describe a single time you didn't perform at our best. To what do you attribute this to?
今までの成功を振り返って、期待通りにできなかったときがあれば、1つだけ教えてください。どうしてそうなったのですか？

06　Because you are so far ahead of the curve, how do you think that makes your boss feel?
仕事がとてもうまくいっていることを、上司はどのように見ていると思いますか？

07　What kind of vacation do you see yourself taking next? Why would you do that?
次はどんな休暇を取りたいと考えていますか？なぜそう思いますか？

08　Please put into words the notion of achieving success so quickly.
これだけ早く成果を出せることについて、どう思っているか話してみてください。

Direct / はっきりと

09 In what ways do you find yourself the same as your counterparts?
どのような点が、同僚との共通点だと思いますか？

10 Which traits of your coworkers are you able to relate to?
どのような特徴があれば、一緒に仕事ができる同僚だと思いますか？

11 When could you see yourself being the "go-to" person for aspiring executives? Would you be comfortable with that?
志の高い役員から信頼される日は、いつだと考えていますか？あなたのそのゴール設定に満足していますか？

12 If you worked with a support group to help aspiring workers, how would that make you feel?
やる気のある社員を手助けする部署と、協力して仕事をすることを、どう思いますか？

13 How would you describe your specific goals going forward?
今後の具体的なゴールはと聞かれたら、どのように答えますか？

14 Where do you see yourself in five years? How about ten years?
5年後には、どんな仕事をしていますか？10年後はどうでしょうか？

15 What are a few of the most important ways I can help you?
特に私がサポートできる、重要なことはありますか？

132 | 思わしい結果を出せない社員をコーチする

Gentle｜穏やかに

01 What parts of your job make you regret that you ever applied for this position?
ずっとこの業務を希望していたと思いますが、期待に沿わなかったところはどこですか？

02 Through what means do you believe that you can accomplish more than your teammates?
チームの仲間と同等の、あるいはそれ以上の成果を出せているのは、どのようにして（業務を）行っているからだと思いますか？

03 How often during the average work day do you imagine you were doing something else?
通常仕事をしていて、（仕事以外の）他のことに気持ちが向いてしまう頻度は、どれくらいですか？

04 Has there ever been a job that made you eager to start in the morning? What was it?
朝起きて、早く取りかかりたいと思えた仕事が今までありましたか？それはどんな仕事でしたか？

05 What ways do you believe you could improve your job in order to make it more interesting?
仕事が面白くなるように改善できるとすれば、どうすればいいと思いますか？

06 In what aspects of your job could you work better or harder?
どのような局面でなら、うまく、あるいは一所懸命、仕事ができますか？

07 What single job from your past makes you feel the most satisfied with?
過去の仕事で、一番満足できた仕事を一つ挙げるとすれば何ですか？

08 What is it about the job you're currently doing that you find least enjoyable?
今行っている仕事で、一番楽しくないものは何ですか？

09 What about the regular workday is most distasteful to you?
仕事をしていて、一番嫌いなことは何ですか？

Bold｜きっぱりと

PART10 メンバーの力を引き出すコーチング

Gentle 穏やかに

10 What kinds of jobs would you find most enjoyable?
どのような種類の仕事が、一番楽しいですか？

11 What parts of your job would you rate above average? How about the opposite?
平均以上に成果を出せる業務は何ですか？反対に平均以下なのは、どんな業務ですか？

12 Why do you think it has been difficult for you to get started on your tasks?
なぜ仕事に手をつけることができなかったと思いますか？

13 In what ways might you resent your co-workers who understand tasks more quickly?
あなたより素早く業務を理解している同僚に対して、何か腹立たしさを感じますか？

14 How does it make you feel to see your co-workers completing their tasks?
同僚が業務を達成するのを見て、どのように感じますか？

15 What ways can you identify that would mark you as deficient at the work you do?
自分の働きぶりが、どのような点で劣っているか、自分で分かりますか？

Bold きっぱりと

133 | 燃え尽きてしまった社員をコーチする

Empathetic / 共感する

01 **How does it make you feel to seemingly be the only employee who cares?**
ちゃんと仕事をしている従業員が自分だけに思えてしまうのは、なぜでしょう?

02 **What aspects of job sharing have been the most difficult for you?**
共有するのが最も難しいと思われたのは、業務のどんなところでしたか?

03 **What kinds of mentoring do you think you will find most beneficial?**
一番助かるサポートの方法は何だと思いますか?

04 **When was it that you began to lose interest in your job? What were you doing?**
仕事から興味がなくなり始めたのはいつでしたか?そのとき、何をしていましたか?

05 **What do you think you would do to make your job more meaningful again?**
もう一度、仕事をより意義あるものにするためには、どうすればいいと思いますか?

06 **If you didn't have to work, what would you be doing right now?**
今仕事をする必要がないとすると、何をしますか?

07 **Here is a list of other jobs at the company. Can you rank them with most enjoyable being at the top?**
これが当社の業務一覧です。一番楽しんでできるものから、順にランク付けできますか?

08 **Do you feel you've been overworked recently? What makes you think so?**
最近、働き過ぎだと感じていますか?そのように思う理由は何ですか?

Bold / 発破をかける

09 **How would it make you feel if you were offered a paid leave? How might it help?**
有給休暇を勧められたらどう思いますか?(現状の改善に)何か役立ちますか?

10 **A sabbatical can help rejuvenate the spirit. How do you like that thought?**
長期休暇を取ると、気持ちが切り替わります。考えてみたらどうですか？

11 **What would you think of someone thought you were slacking off or not caring?**
あなたの仕事ぶりを見た人に、怠けているとか、手を抜いていると思われたら、あなたはどう思いますか？

12 **Everyone must be able to find enthusiasm for their work. What about you?**
誰もが仕事に対して情熱を持てるはずです。あなたはどうですか？

13 **You have the skills, but do you think it might be a good idea to join management?**
現場の業務能力は認めますが、管理する立場の仕事をやってみるのも、悪くないのではないですか？

14 **If the best case scenario was having you take another job, how would that make you feel?**
他の仕事をすることが最良のシナリオだとしたら、どう思いますか？

15 **Switching to another team, how would it help you?**
他のチームに移ってやってみる、というのはどうですか？

134 | 素行の悪い社員をコーチする

Nice 優しく

01 Can you explain how these sessions have helped you? How has the experience been positive? Or negative?
このようにお話しする機会は、どんな面で役立ってきたか、教えてくれますか？有益ですか、それとも意味がないですか？

02 What object do you imagine yourself being? Why is that so?
自分を何かにたとえるとすると、何でしょうか？どうしてそう思いますか？

03 What personal problem(s) do you feel we can best address in these sessions?
このような機会を通して、あなたの抱えるどのような個人的な問題を話し合えば、一番良いと思いますか？

04 Can you describe how your work-related contributions make you feel?
仕事で貢献できたとき、あなたがどのように感じるか、教えてもらえますか？

05 In what ways have you recently made positive contributions at work?
最近どのようにして、仕事で貢献ができましたか？

06 What are the long term effects that accrue to teams that harbor malcontents? Explain how your team does or does not exhibit any of these?
チームが不満分子を抱えたままであれば、長期的にどのような影響があると思いますか？あなたのチームではどのような影響が出ていますか、あるいは全く影響なしでしょうか？

07 Apart from your job performance, in what ways do you think your physical presence is either a positive or a negative?
仕事の成果は別として、どのような点で、あなたの存在そのものがプラスになったり、マイナスになったりすると思いますか？

08 Sometimes conflict is good for teams, but how do you believe your negativism is being felt?
衝突があるほうがチームにとって良いときもありますが、あなたの否定的な考えがどう受け取られていると思いますか？

Bold 強硬に

09 How did your social networking contribute to a negative impression of you?
あなたの人付き合いのどこが悪くて、あなたの印象が悪いのでしょうか？

10 How would you change yourself if you had a chance?
チャンスがあるとしたら、どうやって自分自身を変えますか？

11 What might be the best way to turn your frown upside down?
しかめっ面が笑顔が戻るためには、何が一番良い方法でしょうか？

12 How will you know that we have achieved a breakthrough on your attitude?
たとえ我々が、あなたの態度を画期的に変えられたとして、どうやったらあなたはそれを自覚できるんでしょうね？

13 What, if any, do you think the repercussions of your bad behavior have been?
その悪い行いによって、どんな結果がもたらされたと思いますか？

14 How does your teammates negative attitude toward you make you feel?
チームメンバーの（あなたに対する）否定的な態度をどう感じますか？

15 In what way(s) do you think you have been affected by your parents?
ご両親から、どのような影響を受けたと思います？

135 | 個人的に問題を抱えた社員をコーチする

Empathetic / 共感する

01 Would you please describe in simple terms which personal issues you're going through? What ways does talking about it help?
どのような個人的な問題を経験したのか、簡単な言葉で説明していただけませんか？口に出すことで、何らかの助けになりませんか？

02 A time away from work may help you to solve some personal problems. What ways do you see this working for you … or not working?
一旦仕事から離れることが、個人的な問題の解決に役立つかもしれません。これにはどんな効果があると思いますか…あるいは、どう効果がないでしょうか？

03 What are the ways that me or my staff could help you regain the poise you had?
あなたがかつての態度を取り戻すために、私やスタッフができる方法は何ですか？

04 What effect would it have on you if your co-workers were more supportive?
同僚が今よりサポートしてくれるとしたら、あなたにはどんな効果がありますか？

05 How do you believe a counselor may help you to get through these tough times?
この苦しいときを乗り越えるために、カウンセラーができることはどのようなことだと思いますか？

06 What are the ways you've been able to express your personal issues to your boss? How has that helped you (hindered you)?
あなたはどんなふうに、個人的な問題を上司に相談してきましたか？それが役に立ちましたか？（かえってそれが妨げになりましたか？）

Bold / 発破をかける

07 What problem in your life would you consider the most urgent? Why is that?
人生において、最も差し迫った課題は何だと思いますか？なぜそう思いますか？

共感する Empathetic

08 **If you could simplify one portion of your congested life, which would it be?**
複雑な人生のうちの一部を単純化するとすれば、それは何ですか？

09 **What would most help you regain that trouble-free joie de vivre at work?**
仕事のトラブルから解放されて、生きる喜びを取り戻すために、最も役立つものは何ですか？

10 **How would you react to the idea of a world without crisis?**
危機の存在しない世界、と聞いたら、どう思いますか？

11 **What are the primary ways that you see your private travails affecting your work?**
自身の抱える悩みで、仕事に一番影響を与えるのは何だと思いますか？

12 **What do you have to do at work to find a renewed sense of purpose in your life?**
新たな人生の目的を見つけるためには、何を仕事で達成しなければならないでしょうか？

13 **If you could eliminate one negative factor in your private life, which would it be?**
個人的な問題の中で、一つだけを取り除くとしたら、どの問題ですか？

14 **How can we help you unwind?**
あなたの気分を和らげるために、お手伝いできることは何ですか？

15 **Which of the following stress relievers do you believe would help you the most?**
以下のストレス緩和策のうち、どれが一番役立つと思いますか？

発破をかける Bold

136 | 自分より下位の マネージャーをコーチする

Suggestive / 助言する

01 What does being "self actualized" mean to you here at our company?
わが社で「自己実現」を果たすとは、どういう意味だと感じますか？

02 How do you feel empowered to take on more responsibility on the job?
仕事で責任が増え、権限が増えることをどのように感じますか？

03 In what way(s) are you a good goal setter? Why is that a good thing?
自分はゴール設定がうまいと思う点はどこですか？なぜそれは良いのでしょうか？

04 Where do you have the most trouble aligning your personal goals with the organization's goals?
個人的なゴールと、組織のゴールの整合性を取るとき、一番難しいと感じるところはどこですか？

05 Describe the feelings you would have if you thought you had to stay at the same level for an unfairly long time.
不当に長い期間にわたって同じ役職に留まらなければならないとしたら、どのような気持ちになるか教えてください。

06 How much must you exert yourself in order to be recognized by the upper management?
自身のことをマネージメントの上層に認識してもらうために、どれくらい努力すべきでしょう？

07 How are you most comfortable with associating with the greater workforce in our company?
自分より上席の社員とうまくやっていくためには、どうすることが一番いいと思いますか？

08 In what way(s) do you see yourself fitting in within your department?
どのような場面で、自分は部署に馴染んでいると思いますか？

Direct / 強制する

09 Are there specific ways that you can be noticed for promotion? What are some of them?
昇進の対象となるための具体的な方法はありますか？それはどのようなものですか？

10 Where do you see yourself making a difference for a more cohesive organization?
どんな面で、自分はまとまりのある組織の一員だと思いますか？

11 What the most direct path to professional success at our company?
わが社において、最短距離でプロとして成功するにはどうすればいいですか？

12 How do you aspire for greater responsibility? What is most effective for you?
今よりもっと責任のある立場をどうやって目指しますか？何が一番効果的ですか？

13 Where do you see yourself in five years? How about 10 years?
5年後にご自身はどこにいますか？ 10年後はどうですか？

14 How would you change your current job to make your objectives more clearly defined?
あなたの仕事の目的がより明確になるように、今の仕事の内容をどうやって変えるつもりですか？

15 What three goals can you set that will help you advance in our company?
あなたが会社で秀でるための、3つのゴールを設定してください。

137 | チームの成果のために メンバーをコーチする

Gentle / 優しく

01 What aspects of your teammates make you want to be with them? Describe your feelings.
どのようなチームメンバーと一緒にいたいと思いますか？ご自身の気持ちを教えてください。

02 Describe some objectives that involve the entire team?
チーム全員で取りかからなければならない目的を教えてください。

03 Can you describe how your team would have the passion, drive, and commitment to excel?
情熱や意欲、必ずやり遂げるといった気持ちを、チームとしてどのようにして保っているか、教えてください。

04 How are you comfortable or uncomfortable with the old adage, "There is no 'I' in 'team'"?
『「チーム (TEAM)」(の綴り) の中には「私 (I)」は無い』という格言は、しっくりきますか？それとも、きませんか？（マイケル・ジョーダンの言葉）

05 How are you and your teammates able to visualize the desired outcome of your efforts?
努力によって達成できると期待されている結果を、あなたやチームのメンバーは、どのように（心に）思い描いていますか？

06 In what ways is it important for a team's members to know their strengths? How about their weaknesses?
チームメンバーが自らの強みを知ることは、どのような点で重要ですか？弱みについてはどうですか？

07 Please describe secondary goals that your team might be asked to fulfill.
あなたのチームが、達成を期待されてはいるものの、その重要度は低い項目は何ですか？

08 From now on, we stay focused until we reach our goal.
今からは、ゴールに着くまでは、焦点を絞って進めましょう。

Authoritative / 威圧的に

09 **Can you describe what it would be like if someone on your team did not know the role they're expected to fulfill?**
チームの誰かが、期待されているやるべきことを自覚していなかったら、どのような結果になるか説明できますか？

10 **How do you see your team preparing for a big milestone? How does this differ from what they do to prepare for a normal day at the office?**
あなたのチームは、より大きな節目節目の目標に関して、どのように準備していますか？それは通常のプランとどのように違いますか？

11 **In what ways does your team have a feedback loop to deal with challenges? How does it work, or how could it work better?**
困難に対処するために、どのようなフィードバックの仕組みがチームにありますか？それはうまく機能していますか？どうすれば、もっと良くなりますか？

12 **What extra should each team member be expected to [do / try / change] to find success?**
成功するために、チームのメンバーが、あと一歩、やること・挑戦すること・変えること、として期待されているのは何ですか？

13 **Try to guess how your team will deal with adversity? How would they do it?**
逆境に対してチームがどのように対処するか考えてみてください。どうやったらそれはできるでしょうか？

14 **How would you feel if your team members were treated fairly, but not equally?**
チームのメンバーが、正当ではあっても、それぞれ違う処遇をされているとしたら、どのように感じますか？

15 **If failure was an option to your team, how would that make you feel?**
チームが失敗してしまうことも選択肢の一つだとすると、それをどう思いますか？

Special Interview

日本版刊行に
よせて

日 本 の 読 者 の 方 々 へ

___Patrick Alain
パトリック・アレイン（著者）

___Hisahiro Go Abekawa
阿部川久広（訳者）

阿：今日はどうぞよろしくお願いいたします。まずはじめに、簡単にプロフィールから、お話しください。

ア：私はフランスのパリで生まれました。パリ大学で学び、その後、英国のロンドン、オーストリアのウイーン、そして2004年からはアメリカのサンディエゴに住んでいます。私は、母の母国語であり自身の母国語でもあるフランス語に加えて、英語、スペイン語、アラビア語、それとアルメニア語の5カ国語を話します。

阿：現在まで3冊の著作がおありですね。

ア：そうです。この本も、アメリカだけではなく、中国、韓国、ブラジル、ロシア、ドイツ、スペイン……など、多くの言語に翻訳されており、大変好調です。ですから出版社は是非4冊目も書いてくれと言ってくれますが、今のところ、まだ思案中です。というのも、私自身、次の本のアイデアをもう少し温めたいと思っているからです。書くごとにより質の高い書籍にしたいと思っていますから、もう少し時間が必要だなと感じています。

お伝えしておきますと、私の本は翻訳するのが難しいのですよね。私自身、複数の言語を話す経験から、それがどれほど難しいものかよく分かっているつもりです。特にこの本は、会話や口語の表現を中心に取り上げています。あるいは典型的で型の定まった表現を多く扱っています。ですから、必ずしも日本語にピッタリの表現があるとは限らないと思います。この本のポルトガル語バージョンでは、私が言いたいことを想像してもらって、訳文は彼ら自身のフレーズで表現してもらっています。必ずしも正確な翻訳というわけではないかもしれませんが、そのほうが有効なのです。

阿：そうでしたか。確かにある国の言葉では言いやすく、ある国の言葉では言いにくいということも多々ありますね。例えば本書にも収録されている、Don't let the door hit you on your way out. などのように、そのまま訳して「あなたが入り口から出るときはドアに当たらせないように」では、何のことか分かりません。言いたいことを伝える表現として、「さっさと出て行け」としたほうが、日本語としてはピッタリだったり、といったことがありますね。

阿：さて、あなたは以前ゲームビジネスに携わっていて、現在までに3つもの世界的なゲームで成功なさっていらっしゃるのですね？

ア：はい。私は、ベストセラーとなった多くのビデオゲームの開発をしていました。例えば、「グランド・セフト・オート」「レッド・デッド・リデンプション」「ミッドナイト・クラブ」シリーズなどです。

阿：あなたのいたゲーム業界では、リーダーは特にどんな話し方が求められていましたか？

ア：一般的にゲーム業界は、成功するためには何をするのもいとわない若い人々が多いので、外交的な手続きや、マナー、相手に対する尊敬といったものが欠けている傾向はあると思います。私は、かなり地位の高いリーダーでも、部下に激しい言葉遣いをする人を多く見てきました。相手を傷つけるかどうかは斟酌せず、期待していることをかなり直接的に伝えていたように思います。

阿：今は、別のビジネスに関わっていらっしゃるようですね。

ア：ええ。ゲームビジネスではそこそこの成功を収めさせてもらいましたので、今はもう辞めています。家内が妊娠したことも大きな理由の一つです。ご存知だと思いますが、ゲームビジネスに携わるのであれば、家族との時間は犠牲にせざるを得ません。

阿：お子さんはおいくつですか？　男の子ですか、女の子ですか？

ア：女の子で2歳半になります。

阿：まさに She is an apple of your eyes.〔目の中に入れても痛くないほどかわいい〕ですね？

ア：その通りです（笑）。今は自分で不動産ビジネスを取り仕切っていますし、まあ

まあうまくいっています。ご存知のように何冊か本も書いていますし、最近は、職場でのコミュニケーションをテーマとして、マイクロソフト、ボンバルディア、ボーイング、IBMなどの企業でセミナーを行ったりしています。

㋐：なるほど。ところでこの本は、Twitter がきっかけで、あなたのアカウントに35,000人のフォロワーがいたことで生まれたと聞いているのですが…

㋑：今はもう50,000人は超えていると思います。10年前にアメリカに来て、そのときから、人々が話すのを聞いてそれをノートに取り溜めてきました。本当にたくさんのノートを取ってきました。それは今も続いています。ある時点で150ページほどになり、これをどうやってオーガナイズしようかと考えていました。何か基準や規則が必要だなと。そこで毎日1フレーズずつ、Twitter で発信することを思いつきました。すると案の定、多くの人の目にとまり、そのフレーズについての多くの意見、例えば「このフレーズは最高！」とか、「これ以外にもこんなフレーズがある」といった意見が寄せられ、それをもとに編集する軸が生まれてきました。私はそれを書き留めておいて、あるとき、知り合いの編集者に見せたところ、１週間ほどで、「是非これを本にしないか」という相談を受けました。ある意味で、本はすでにできていた感がありました。

㋐：どんな人たちがあなたをフォローしていたのですか？

㋑：まずはビジネスの現場に身を置いているホワイトカラーで、毎日フレーズと格闘している人。次に、英語は第二外国語であり、英語力を高めたい人、この二種類の人たちです。ロシア、ブラジル、中国といった、いわゆる新興諸国の方も多くいらっしゃいます。

㋐：ではこの本を買っているのも……

㋑：ええ、この二種類の人たちです。企業で仕事をしている人、そして、英語の能力を高めたいと思っている人です。

阿：このようなパワーフレーズは、人生やビジネスで必要ですか？

ア：言葉は力です。適切なタイミングで適切なフレーズを使えることは、どんな状況下においても、あなたを助ける強い力になります。世の中にはたくさんのコミュニケーションに関する本がありますが、どうやって話すかばかりで、何を話すかは教えてくれません。この本は、具体的な表現を提示する本です。

阿：あなたは今回のフレーズをお考えになったとき、特に男女の差ということは意識なさいましたか？

ア：特に意識した、ということはありませんが、一般的に男性のほうが権威主義的で、女性のほうが感覚的ということは言えるとは思います。ただ、だからといって、特にビジネスやリーダーシップに関しては、表現したいことが変わるわけではないと思います。

阿：この本のフォーマットのアイデア（グラデーションのついたカラースケール式）はどこから来たのですか？

ア：最初は、全部のフレーズをただ単に順番に並べただけでしたが、どうすればこれらのフレーズが、より読みやすくなるかを試行錯誤していました。読者の方の状況にピッタリのフレーズが、すぐに見つかるようにしたかったのです。例えば、話し相手に対して、丁寧に接したいのか、ぞんざいに対応したいのかによって、その返事の仕方がすぐに見つかる、といった感じです。そこから、グラデーションで並べるというアイデアが生まれました。

阿：ところで、日本人と仕事をしたことはありますか。どのような印象でしたか。

ア：はい、私は日本人のマネージメントのもと、アメリカでソニーコンピュータエンタテインメントに勤めていたことがあります。ええ、それほど長い期間というわけではありませんでしたが、日本の方々の物の考え方、気質といったものを学ぶことができました。アメリカとは違った、日本人特有のビジネスマネージメントといったも

のも見ることができたと思います。それと、今、私の兄は、日本の女性と結婚して日本に住んでいまして、是非一度日本に行ってみたいと思っているんです。

㊐：そうなんですね。是非、いらしてください。ところで、日本人は英語が苦手な人も多く、英語になると急に口数が少なく控えめになる人も多いです。あまり流暢でなくても、リーダーとしてコミュニケーションするコツはありますか？

㋐：いい質問ですね。少し長くなりますが、順に申し上げていきますと、

1. 人に接するスキルを上げる
部下は、あなたから重要に思われたり、尊敬されたり、価値があると思ってもらったりしたいものです。そして、自分で実行するのが得意でも、他の人から感謝されないようであれば、あなたのリーダーシップには何かが足りません。一緒に仕事をするメンバーへの対人スキルの向上に努めてください。様々な局面で部下の意見を聞き、物の見方を尊重し、グループで討議し、一人一人に注意を払ってください。例えば、メンバーの名前を覚える、家族の近況を訊ねる、誕生日を忘れない、あるいは仕事に対してちょっとしたアドバイスをするなど、一見たわいのないちょっとした努力が、ひいては大きな違いを生み出します。業界で成功したリーダーは皆、「ハッピーな従業員こそがよく働く従業員だ」と言うことでしょう。

2. 仲間に気を配る
周りの人は、あなたが本当に興味があるのか、あるいは単に興味があるように見せているのかを敏感に察知します。心底から注意を払わないと、部下から反発を買ったり、部下が大切なものを見落とすことになったりします。他の資質を伸ばす前に、人の話を聞く力を養ってください。チームのメンバーに話すときは、精神的にも肉体的にも、自分自身をリーダーに変化させる―すなわち、部下の話をよく聞き、関心を示しているということが部下に伝わるように態度や表現を工夫することが大切です。部下の話を聞く際も、個人に対する偏見や先入観を捨てなければ、あなたのビジョンは常に弱いものになります。チームと対話するときは、邪魔が一切入らないようにします。注意を払い、大切なことを忘れないようにします。但し、これは一朝一夕にできることではありません。

3. 計画や準備のやり方を学ぶ
計画は、短期の場合も長期の場合でも、考え抜かれ、よく組み立てられた上で、実行されなければなりません。言いっ放しや聞きっ放しのままでビジネスを成功させられるはずはありません。時が来ればしっかり結果を出せるよう、事前に準備をする必要があります。状況を調べ、可能性を評価し、ゴールに到達するまでの現実的なマイルストーンを描き、チームの個々のメンバーに対して具体的なタスクを提示します。

4. 他者を啓発する
メンバーをやる気にさせたり、啓発したりすることは、あなた自身の気持ちを高めることと同様に大切なことです。メンバー全員が同じ情報を共有し、目的に関して議論し、集中して物事に取り組み、組織の中での自分の価値は認められていると同時に、さらに高い達成をも期待されているのだと感じられる環境を作ります。目標を高く掲げ、それをクリアするメンバーが出るたびに、それに相応しい賞賛を与え、感謝の意を表します。目標を達成することは前向きなことであり、しかも楽しいプロセスなのだと感じられる環境が必要です。

5. 人に好かれる
組織の中で、人に好かれることは、とても重要な要素です。というのも従業員の一番の不平は、上司が悪い、あるいは上司が楽しく健全な職場の空気を作ろうとしない、というものだからです。あなたが一所懸命仕事をする人であれば、チームも一所懸命になるのであり、そこにはまだまだ向上の余地があります。チームが一所懸命仕事をしていることが嬉しいと伝え、すべてのプロジェクトを監督し、必要があればアドバイスや褒め言葉をかけ、できるだけのサポートをします。そうすれば部下は、あなたのもとで成長し学びたいと考えるはずです。

㋐：有難うございます。最後にもう一つ。あなたは5カ国語を使いこなす素晴らしい能力の持ち主ですが、外国語をマスターするコツは？

㋐：私の経験からいくつか申し上げます。まずは、理論（文法）はもちろん大切ですが、新しい言葉を学習する秘訣は、練習、練習、そして練習あるのみ。そして、恥ずかしく思わないこと。あなたの表現や発音を、からかわれるかもしれませんが、め

げないことです。そして、相手の文化に飛び込んでいくこと。多くの本を読み、映画を観ること。そして最後に、質問に答えてくれるような、先生や友人を持つことです。

㉑：なるほど、有難うございます。とにかく日々、実践あるのみ、ということですね。でも、あなたの話を聞けば納得できます。一日一フレーズを、つまり一年で360以上のフレーズを、10年間書き続ければ、3,600フレーズになりますからね。この本がまさにその集大成というわけですね。本日はお時間を頂戴し、本当に有難うございます。楽しいインタビューでした。

㋐：私も楽しかったです。有難うございました。

（了）

謝辞

　最大の謝辞は妻のゼニアに。その献身的な愛情とサポートと、執筆の間中、常にそばにいてくれたことに。

　そしてもちろん娘のミッシェルにも。たくさんの特別な時間を僕と共有してくれていることに。ミッシェル、君は驚くほど魅力的で、僕をいつも感動させてくれる！君のお陰で、僕は父親としてこうしてやってこられているし、君こそ僕の人生に起こった最大の奇跡だ。

　またトム・キャロルとミッシェル・ララにも感謝しないと。呼べばいつでも応じてくれたことに。二人のアドバイスに心から感謝している。

　四つ目の大きな謝辞は、編集者のカースティン・ダーレイに。編集の力でこの本を楽しいものにしてくれた、その疲れを知らない献身ぶりに。

　リナとバザムにも感謝を。僕がここに至るまで、ずっと支えてくれたことに。

　そして最後に、僕の言葉のすべてが、一つの無駄もなく語られたことを願って。たとえ一人一人の顔は見えなくとも、誰よりも読者であるあなたに、心からの感謝の意を表したい。

著者

パトリック・アレイン（Patrick Alain）

　1981年パリ生まれ、パリ大学卒業。ゲーム開発者として、「グランド・セフト・オート」「レッド・デッド・リデンプション」「ミッドナイト・クラブ」シリーズなど、多くのベストセラーゲームタイトルを手掛ける。

　世界各国で育った経験を持ち、「多くの言語が飛び交う大組織のチームで、私が卓越した結果を出すことができたのは、多国籍で育ってきた幼少の経験と、5カ国語を流暢に操れることによる」と話す。

　リーダーシップに関する表現を10年以上にわたって調査し本書を執筆。「人生で一番と言っていいほど大切なスキル、すなわち『どのようなときも、自らの意思で状況を制する』ためには何が一番必要かを、読者と分かち合うこと」が本書の最大の目的。好評を博し、韓国、中国、シンガポール、ドイツ、スペイン、ロシア、ブラジルなど10カ国以上で翻訳され、続編も刊行されている。

　現在は不動産ビジネスの傍ら、フォーチュン全米500社の企業などで、リーダーとして・プロフェッショナルとしての話し方に関するセミナーや講演を行っている。妻、一人娘とともに、カリフォルニア州サンディエゴに在住。

Twitter ID　@LeaderPhrases
URL　http://www.patrickalain.com/

訳者

阿部川久広（Hisahiro Go Abekawa）

　1960年生まれ。コンサルタントを経てアップル入社。PR課長、マーケティング部長を務める。その後ディズニーインタラクティブ、マイクロジスティックスなど外資系IT企業において要職を歴任。コミュニケーションやプレゼンテーションのプロフェッショナルとして、多くのプロジェクトで活躍する。現在はITmedia株式会社グローバルビジネス推進担当シニアヴァイスプレジデント兼プラットフォーム事業推進部エグゼクティブプロデューサー。

　大学在学時より通訳、翻訳を通じて多くの英語関連業務も行う。CNNニュースキャスターをはじめ、神戸大学、立教大学大学院非常勤講師、翻訳専門校フェローアカデミー講師、NHK文化センター講師、また多くの企業で、英語力ブラッシュアップのためのトレーナーを務めるほか、効果的なプレゼンテーションやビジネスコミュニケーションに関する執筆、講座、講演も多い。

　翻訳書に、セス・ゴーディン著、佐藤可士和監訳による『「見えてる人」になるたった1つの法則』（実業之日本社）、『次の会議までに読んでおくように！』（すばる舎）、著書に『たった3時間でやれる「勘違い英語」完全克服術』（講談社）、『グロービッシュ・コミュニケーション術』（すばる舎）などがある。

※この書籍は、2013年12月21日初版発行『リーダーとして話すための英語パワーフレーズ3000 MP3・CD付き』の増補改訂版です。付属CDは初版と同一で増補分のPART10の音声は含まれていません。

増補改訂版
リーダーとして話すための英語パワーフレーズ3000 MP3・CD付き

2014年12月22日　第1刷発行

著　者 ──── パトリック・アレイン
訳　者 ──── 阿部川 久広
発行者 ──── 徳留 慶太郎
発行所 ──── 株式会社すばる舎
　　　　　　東京都豊島区東池袋3-9-7 東池袋織本ビル　〒170-0013
　　　　　　TEL 03-3981-8651（代表）　03-3981-0767（営業部）
　　　　　　振替 00140-7-116563
　　　　　　http://www.subarusya.jp/
CD制作 ──── 株式会社誠音社
印　刷 ──── 株式会社シナノ

落丁・乱丁本はお取り替えいたします
©Hisahiro Abekawa　2014 Printed in Japan
ISBN978-4-7991-0396-8